MÉMOIRE

A L'EMPEREUR

MÉMOIRE

A L'EMPEREUR,

Sur l'Amélioration des Loix et Règlemens commerciaux.

LETTRES

A la Chambre de Commerce de Rouen, et au Ministre de l'Intérieur à ce sujet.

OBSERVATIONS

Sur un Rapport fait à la Chambre de Commerce du Département de la Seine, sur les Jurandes et Maitrises, et sur les Considérations, publiées par M. Soufflot de Merey, sur ce Rapport;

Par E. THIRION, ancien Négociant

A PARIS,

Chez l'AUTEUR, rue du Monceau Saint-Gervais, N°. 12.

———————

(L'AN 1806.)

REMARQUES PRÉLIMINAIRES

SUR MON MÉMOIRE

A L'EMPEREUR,

ET MES LETTRES

à la Chambre de Commerce de Rouen, et au Ministre de l'Intérieur.

L'INTÉRÊT du commerce exige que je fasse connaître les vérités utiles que renferme mon mémoire à l'Empereur, ainsi que les lettres qui sont à la suite ; c'est pourquoi j'ai cédé, en quelque sorte malgré moi, à la nécessité de les livrer à l'impression avant de continuer le travail que j'ai pensé devoir entreprendre.

C'est la première fois que je donne de la publicité à mes opinions politiques, et j'espère qu'on voudra bien avoir égard à mes bonnes intentions. En cela il y a aussi peu de prétentions à m'attirer les regards publics, que j'ai d'insensibilité pour la critique.

A

Détaché du tableau du monde, je sais apprécier les passions des hommes, et me consoler au milieu de leurs injustices.

Le déplaisir que peuvent faire des vérités utiles aux hommes qu'elles contrarient, ou qui ne les entendent qu'imparfaitement, ne doit point m'empêcher de présenter des élémens de méditation à tous ceux qui désirent concourir aux progrès des manufactures et du commerce.

Je verrai avec plaisir que cette publicité produise un concours d'efforts qui serve à faire arriver au but que je me suis proposé ; mais je ne pense pas qu'il soit possible à des théoristes de traiter à fond les questions dont il s'agit, d'autant plus qu'à des combinaisons bien approfondies, il faut savoir allier toutes les parties pour former cet ensemble qui ne peut pas dériver d'une science conjecturable.

Je l'avoue à regret, il n'y a eu jusqu'alors aucuns des députés aux successives assemblées nationales et législatives qui ayent montré quelque capacité sur des questions commerciales importantes, et même je puis dire que jusqu'alors elles n'ont été traitées en France que très-superficiellement.

Celui des commerçans qui se sentira le pouvoir de présenter des idées conformes aux miennes,

ne peut pas s'écarter du principe de ma résolu-
tion qui est dans la conviction de mon propre
jugement.

Dans les réglemens à établir on ne doit pas y
faire usage des moyens ci-devant employés ; tels
que frais de marques, d'inspection et de surveillance inutile ; on ne peut trop le répéter, le manufacturier doit être abandonné à son génie, et
se livrer sans contrainte à l'indépendance de sa
volonté relativement à la fabrication.

Il s'agit bien moins d'encouragemens pécuniai-
rès aux manufactures, que d'accélérer le débit
de leurs productions, d'exciter l'émulation et l'é-
nergie par les puissans moyens d'ordre et de justice qui fortifient la confiance et l'esprit public.

Les ressources du commerce sont depuis long-
tems très-affaiblies, et les grandes spéculations se
font sur le mouvement rapide des capitaux réels
ou fictifs, bien plus que sur des entreprises véritablement commerciales.

L'intérêt de l'argent sera toujours trop élevé
pour le succès de ces entreprises, si l'on ne ra-
vive pas les sources de cette richesse qui donne
le sceptre du commerce.

Mes conceptions utiles, soit pour l'exclusion de
funestes productions étrangères, soit pour procu

rer aux manufactures les avantages dans la concurrence, soit pour faciliter leur accroissement et leurs progrès, ou pour ouvrir au commerce des débouchés, et lui donner une direction prospère, ne sont pas du ressort de ces esprits systématiques pleins de prétentions de perfectibilité et de charlatanisme.

La marche dont j'imprime les premiers pas est naturelle, et la route à tracer est l'ouvrage de la main correcte de l'expérience.

Les fautes qui ont été commises, sont autant de moyens d'instruction en faveur des vérités à révéler.

J'avoue que si j'eusse été encore occupé d'opérations commerciales, je n'aurais pas fait cette entreprise qui m'a mise la plume à la main ; et encore je ne dissimulerai pas que je sens le besoin d'être encouragé par une sorte d'approbation au bien général que j'ambitionne de produire.

Il peut se rencontrer une si grande variété d'obstacles à combattre, soit d'intérêt, de jalousie, d'amour propre, de systêmes impolitiques, ou de préjugés, qu'il n'est pas aisé de m'expliquer amplement sans savoir si l'on veut enfin concevoir la vaste influence des intérêts commerciaux sur la prospérité nationale.

Hélas ! qui ne sait pas combien la vérité a besoin d'appui et de protection pour se montrer dans toute sa pureté ? Néanmoins je me sens le courage de la dévoiler : heureux si la génération actuelle peut la connaître et en profiter !

En France, la plupart dédaigne l'expérience de leurs compatriotes, et malgré les exemples qu'on met sous leurs yeux, ils tiennent avec opiniâtreté aux fausses apparences des erreurs en crédit, sur-tout quand il s'agit d'améliorations et de réformes.

Hors de leur patrie les Français instruits ont l'avantage d'être appréciés. Qu'ils s'unissent donc ici pour vaincre les préventions, et obtenir à l'empire de la force et du génie, la prééminence commerciale, seule capable de subjuguer cette rivalité inquiete d'une puissance qui n'a cessé de troubler le bonheur de la nation et la tranquillité du monde.

Leur union et leurs efforts feront infailliblement prévaloir les vrais principes qui doivent produire la prospérité réelle de cet Empire.

Il est aisé de reconnaître que les avantages obtenus par l'effet d'une sage administration du commerce, sont plus certains et plus durables que ceux des brillantes conquêtes, qu'ils excitent moins la jalousie et l'inquiétude des autres nations, et que cet accroissement de force incalculable donnera à la France une consistance à jamais inébranlable.

Ma trop faible voix n'a d'autre appui qu'un zèle patriotique et désintéressé que l'envie et la perfide malignité pourront interpréter autrement; mais j'ai appris à mépriser l'injure autant que l'intrigue et la basse adulation, en apprenant aussi à mes dépens combien les hommes sont de feu pour le mal et de glace pour le bien.

J'ajouterai à la pureté de mes bonnes intentions que muri par ma propre expérience et fort de ce que je crois, je ne sais rien hasarder qui puisse déranger l'enchaînement de l'ordre et des vérités sociales, et que c'est à regret que je ne puis, dès ce moment, donner à mes vues tout leur développement.

Puisque nous n'avons pas de *forum*, ni de chambre des Communes où l'on puisse stipuler hautement les grands intérêts de la patrie, il faut au moins que les manufacturiers et les commerçans ne laissent pas affaiblir dans leurs représentans aux chambres de commerce et au conseil général du commerce, cet esprit public qui doit les animer et les élever à la hauteur des hommes d'état par la toute puissance des vrais principes et de la raison.

C'est par l'organe des défenseurs nés des intérêts du commerce qu'on peut triompher des erreurs, et que l'esprit d'ordre prendra sans retard une force qui s'accroîtra chaque jour.

Ce triomphe est d'autant plus aisé à opérer aujourd'hui que l'on sait combien vaut auprès de l'Empereur le mérite de contribuer aux progrès des arts et du commerce dont il est le BIEN-FAITEUR, et qu'on ne peut douter que ce titre chéri ne lui soit autant précieux qu'il est digne d'une grandeur véritable.

MÉMOIRE
A L'EMPEREUR
SUR
L'AMELIORATION DES LOIX
ET RÉGLEMENS COMMERCIAUX (1).

SIRE,

L E S sentimens que vous inspirez et les grandes espérances que vous faites entrevoir dans l'avenir, m'invitent à porter directement devant vous des vues d'utilité publique de la plus haute importance.

---

(1) En composant ce mémoire, et les deux lettres qui sont à la suite, je n'avais pas l'intention de les rendre publics ; mais mes observations sur le rapport et les considérations devant être publiées, j'ai cru devoir les faire paraître ensemble. Le tout a été terminé en l'an XIII; mais des embarras personnels ont été la cause du retard de l'impression. .

Ce n'est pas par les illusions de la théorie d'une science que j'en ferai l'application , c'est par l'habitude de faire que j'ai la certitude de pouvoir mettre en pratique ce que je viens proposer à Votre Majesté.

Je suis un ancien Négociant , je compte plus de quarante années de pratique dans la carrière commerciale. J'ai fait un négoce considérable avec presque toutes les nations commerçantes de l'Europe , principalement avec les manufactures d'Angleterre jusqu'à l'époque de la révolution.

Les marchandises des Indes formaient une branche de mon commerce , je les tirais des ventes de l'Orient , de Londres , de Copenhague , d'Amsterdam , etc.

J'ai fait de très-grandes affaires avec la Suisse , en mousseline , toile de coton et toiles peintes de ses fabriques , ainsi qu'avec celles d'Alsace et d'autres provinces de la France.

Ma correspondance s'est étendue avec des maisons de commerce de Hambourg , Lubeck , Berlin , Francfort-sur-le-Mein , Gênes , la Souabe , la Saxe , la Silésie , etc.

Des registres de commerce , des factures , des lettres-missives , qui sont en ma possession , peuvent attester ce que j'avance.

Depuis la révolution j'ai exploité pour mon compte des fabriques de toile, bonneterie et filature de coton, et aussi de toiles peintes.

Par mes connaissances je suis en état de rendre des services importans au gouvernement, sous le rapport de ses grands intérêts commerciaux, et je suis disposé à me dévouer à son utilité et à sa prospérité, si vous daignez, SIRE, agréer mon dévouement.

C'est dans ces sentimens que je parlerai à Votre Majesté avec la franchise et la loyauté d'un sujet fidèlement attaché à la gloire de son souverain et au bonheur de sa patrie.

Je vais tracer le plus rapidement possible mes vues relatives aux intérêts du commerce et aux convenances politiques qui y sont liées.

Aujourd'hui que la puissance des arts et du commerce forme le centre de ce terrible levier avec lequel l'Angleterre s'efforce de faire pencher en sa faveur l'équilibre de vos forces imposantes, il faut que la science de votre gouvernement s'élève en proportion du poids de son agrandissement et des difficultés qu'il a à vaincre pour maintenir son commerce et l'influence politique qui lui appartient.

L'éclat donné à des prohibitions par des loix

excessivement rigoureuses , même subversives d'é-
tablissement précieux à la suite du traité d'Amiens,
était inutile et ne pouvait que concourir à blesser
l'orgueil et à irriter l'ambition de cette puissance
jalouse de notre gloire et de notre prospérité.

D'ailleurs, une prohibition partielle et particulière à une nation est une erreur, sur-tout lorsqu'on ne prend pas d'autres mesures que celles
de l'ancienne fiscalité qui a présidé à la rédaction des loix relatives , dont il ne pouvait résulter
que du désordre au bénéfice de notre ennemi (1).

Pour obtenir les avantages de cette prohibition,
il faut, SIRE, établir de bons réglemens , dégagés
de formalités minutieuses et gênantes pour les manufactures qui opèrent une distinction certaine de
leurs productions de celles de l'étranger ; faire des
loix positives qui fassent la sûreté des fabriques-et
du commerce, et qui régularisent à leur avantage
le service des douanes ; rédiger des tarifs pour la
perception des droits dont la contexture porte la
distinction des objets mercantilles, et serve d'instruction aux commerçans comme aux préposés

______

(1) Malheureusement pour le commerce , l'administration des douanes est une tige meurtrière de l'ancienne fiscalité.

des douanes, de manière à prévenir les abus et les surprises de part et d'autres.

Les vêtemens dans nos mœurs sont aussi nécessaires à l'homme que sa nourriture, et à cet égard la France est de tous les pays de l'Europe, relativement à son étendue, sa population et son luxe, celui qui consomme le plus.

Il importe donc beaucoup de réserver les bénéfices de cette consommation à ses manufactures, par l'exclusion de la concurrence étrangère, et de n'admettre à l'importation que les productions qui lui manquent absolument.

C'est par ce moyen que l'on peut empêcher l'Angleterre de pomper notre numéraire en vidant ses magasins, et qu'alors, cessant d'en être tributaire, la France parviendra à faire pencher la balance du commerce en sa faveur.

Il s'en faut bien que la prospérité du commerce soit justifiée par l'accroissement du revenu des douanes.

L'attention superficielle qu'on a portée jusqu'à présent sur les conséquences graves de ce produit, est un des grands préjudices à la prospérité de l'industrie nationale.

La France ne sera jamais plus riche que lorsqu'elle sera parvenue à se passer des ouvrages de main-d'œuvre des autres nations.

Il faut, SIRE, fixer d'une main ferme les limites du fatal monopole qui pèse excessivement sur vos états, et que désormais les rapports politiques ne préjudicient plus aux intérêts commerciaux.

Il est très-urgent de céder à la force de toutes ces vérités, et vous ne pouvez, SIRE, y être indifférent sans avoir de justes reproches à vous faire.

Voilà l'analyse des principes que j'offre de développer amplement.

L'on est tombé dans une bien plus grande faute que l'ancien gouvernement en chargeant tout-à-la-fois et de la rédaction et de l'exécution des loix relatives aux douannes, une personne totalement étrangère au commerce sans le concours d'un homme de l'art capable de juger sciemment ce qui peut être convenable aux exportations comme aux importations, etc.

Les connaissances fiscales, et celles du mouvement des employés des douanes, ne rendent point aptes à décider sur ce qui peut intéresser le commerce, ni à en faire l'application aux faits.

Le grand art d'un législateur consiste à prévenir par des loix sages les délits que la loi ne doit punir qu'à regret.

On a vu M. le directeur des douanes, en faisant valoir son ouvrage au corps-législatif, prétendre que les tribuns , qui l'avaient critiqué,
n'avaient aucune connaissance en économie politique , et entreprendre de justifier l'extrême rigueur de la loi par des argumens les plus erronés.

Cette science de l'économie politique, n'est, à
l'égard du commerce, qu'une illusion qui présente
différentes routes , sans indiquer celle qui conduit
véritablement au but.

L'ensemble des connaissances commerciales
forme une science qui ne s'infuse point; dans cet
art comme dans tout autre , l'homme a besoin de
deux moyens , des modeles et la pratique.

Il faut de l'expérience pour éluder les moyens
de douter et pour bien saisir les motifs de décider.

Je ne m'étendrai pas davantage sur cette démonstration palpable.

Maintenant, SIRE, s'il ne peut y avoir de réconciliation avec votre ennemi , il faut au moins le
priver absolument des avantages du commerce
interlope , qu'il n'a cessé de faire dans vos états,
par l'insuffisance des moyens qu'on a jusqu'alors
employés pour l'en priver ; cela entre dans les principes que j'ai à développer.

La réconciliation qui pourrait s'opérer , par l'effet d'un traité de commerce, ne serait dangereuse que dans le cas où ce traité serait conduit comme le dernier, par des hommes inexpérimentés dans cette partie , et dont la simple théorie exposerait aux méprises qui ont donné ouverture à des fraudes et des abus de tous genres.

J'ai été d'autant mieux à portée de découvrir les erreurs de ce traité, qui a froissé nos manufactures, que j'en ai été moi-même victime.

Je garantis qu'il est très-possible de ne pas être dupé dans un nouveau traité , et même j'assure qu'il y aurait de grands moyens de le faire tourner à l'avantage de notre culture et de nos manufactures , et aussi d'attirer chez nous les artistes susceptibles de nous donner les dégrés de perfection qui nous manquent dans certains genres.

Je puis faire connaître l'évaluation des avantages de ce traité de commerce , qui deviendrait un acte de conciliation , sans préjudicier à la garantie qui est due à nos manufactures ; et je ne perdrai pas de vue le grand principe que pour vendre il faut savoir acheter.

Je pourrais facilement rassurer ceux qui seraient dans le cas de se plaindre , sans examen de ce traité ; mais il il faut, à cet égard, cesser de se laisser entraîner à des craintes chimériques, et de suivre l'impulsion de cette classe de fabricans, qui ne voit que par son intérêt personnel, et dont le sentiment peu profond l'égare souvent sur son intérêt véritable.

L'on s'étonnerait moins de mes assertions, si l'on savait comme moi, par expérience, à quel point la plupart des notions utiles sur le commerce sont encore en France dans la confusion.

Les vaines discussions qui ont eu lieu relativement à l'établissement d'une compagnie des Indes après le traité d'Amiens, m'en ont encore fourni la preuve ; mais retiré du cercle des grandes affaires, je n'y ai pris aucune part.

Les hommes d'état n'ont jamais été assez communicatifs pour les commerçans, et toujours trop confians dans leur discernement, ils croient très-aisé ce qui est difficile.

Il paraît presqu'impossible que l'école de commerce conduise aux places d'administration qui y sont relatives, parce que le gouvernement n'a jamais employé le vrai moyen de connaître et d'attirer à lui les hommes capables de bien les remplir.

Un seul Inspecteur général, ou commissaire, ou Intendant du commerce et des manufactures pour

toute

toute la France, qui saurait répandre les lumières par une correspondance suivie avec la classe manufacturière et commerçante, et qui s'occuperait essentiellement de ses intérêts avec une connaissance éclairée, lui serait un grand sujet d'encouragement. Cet homme serait de la plus grande utilité au Gouvernement à qui il parlerait le vrai langage du commerce, en lui faisant connaître, avec le flambeau de la plus éclatante vérité, ce qu'il doit faire pour son accroissement.

Celui qui n'aurait pratiqué que des opérations d'armement dans les villes maritimes, de commission, ou de simples négociations d'effets dans les places de commerce, ne serait pas capable de rendre les grands services dont les fonctions de cette place sont susceptibles.

Elle ne peut être bien remplie que par un commerçant consommé dans les grandes opérations d'achat et de vente de marchandises étrangères et nationales, qui aurait pratiqué longtems les munufactures, et qui alors, par de justes combinaisons, saurait apprécier ce qui peut contribuer à faire fleurir les arts et prosperer le commerce.

Il est constant, SIRE, que les malheurs résultant de cette guerre pour nos villes maritimes, ainsi que pour les places de commerce et plusieurs

manufactures dont les opérations sont languissan-
tes, et la misère réelle qui en rejaillit sur le commerce stagnant de la capitale , sont incalculables.

Il y a des moyens de remédier à une grande
partie de ces malheurs sans la paix, et l'on ne
peut trop se hâter d'en faire usage. Malgré cela
rien ne serait plus heureux que de pouvoir arrêter la prolongation que cette guerre extensible
nous présage (1).

J'ai par moi-même des facilités pour sonder
les dispositions de l'ennemi à l'égard de ce traité,
sans qu'il pût aucunement se douter de ma mission, et j'ai aussi des moyens personnels qui me
donnent accès auprès de M. ..... Ministre Britannique à ..... Ce moyen oblique est celui qui
peut avoir le plus de succès ; j'en indiquerai la
cause.

Sans doute il entre ici dans la balance du
compte le grand avantage d'assoupir promptement le Léopard sur les bords de la Tamise , pour
avoir le tems de se préparer à aller sur les bords
du Gange lui ravir les alimens qui contribuent à
fortifier sa féroce audace ; et alors on sent combien ses forces s'affaibliraient.

---

(1) Le lecteur est invité à faira attention à la date de cette
lettre, ainsi qu'aux événemens survenus depuis cette époque.

J'apperçois des moyens puissans d'intéresser à ce projet l'Empereur du nord, avec qui on pourrait ouvrir une nouvelle route aux grandes Indes, par laquelle on aurait un prompt succès.

La voie de la pacification dissiperait le nuage qui obscurcit l'horison politique du nord au levant, ce qui la rend d'autant plus précieuse.

Enfin si cette voie ne peut avoir lieu, il faut, SIRE, indépendamment des grands moyens qui appartiennent à l'élévation de votre vaste genie, tendre des piéges à l'ambition de votre féroce ennemi, user de représailles, et se venger par tous les moyens qu'autorise son astucieuse et cruelle perfidie.

Il en est de faciles et dont le succès est certain.

Fontenelle a sciemment dit : « plus les yeux ont vu, plus la raison voit elle-même. »

Il est avéré qu'aucune considération philantropique ne peut toucher le Gouvernement anglais, l'intérêt et ses grands besoins le dominent : il est donc essentiel de déjouer son systême de guerre, et de l'atteindre par les voies qui peuvent l'affaiblir et le désoler.

Vous pouvez juger, SIRE, par les développemens dont ce premier essai est susceptible, que j'ai des travaux importans à préparer, si vous daignez accueillir mon zèle.

Cet accueil honorable agrandira mon esprit à la connaissance du bien public qui intéresse si fortement VOTRE MAJESTÉ, et qui est le motif pur qui a conduit mon cœur et mes expressions dans ce faible exposé.

Daignez, SIRE, agréer le plein hommage et le profond respect avec lesquels je suis

DE VOTRE MAJESTÉ

Le très-humble, très-obéissant
et très-fidèle sujet

E T.

Paris, ce 24 *nivose an* 13.

LETTRE

À LA CHAMBRE DE COMMERCE

DE ROUEN.

M E S S I E U R S,

J'ai l'honneur de vous remettre copie ci-jointe d'un mémoire que j'ai fait pour Sa Majesté l'Empereur, sur l'amélioration des loix et réglemens commerciaux.

Depuis longtems je vois à regret se perpétuer des erreurs funestes aux progrès du commerce et des manufactures.

Une longue expérience dans différens genres de commerce . et l'habitude de réfléchir sur les intérêts des nations et des particuliers , m'ont mises à portée de recueillir sur cette matière des connaissances utiles.

Si ce précis vous donne une idée favorable de mes moyens , et que je sois assez heureux pour obtenir votre suffrage , je vous soumettrai volontiers les travaux auxquels je suis disposé à me dévouer.

Vous savez que pour avoir des idées justes sur ce qu'il est raisonnable d'admettre dans des réglemens, il faut être en état d'apprécier les difficultés qui s'opposent à leur exécution, et savoir les restreindre sur les articles qui se naturalisent d'eux-mêmes, ainsi que sur ceux qui n'ont point à redouter la concurrence étrangère, tels qu'il en existe plusieurs chez vous ; je les connais tous.

Le caractère distinctif est d'autaut plus essentiel à établir, que les employés des douanes confondent souvent dans leurs saisies le national avec l'étranger, et que la science conjecturable des experts prête encore de la force aux injustices.

Pourquoi donc ne pas détruire des abus dont les profits pour des agens perpétueraient les maximes perfides manifestées dans la régie des fermiers généraux (1).

N'a-t'on pas entendu dire par le chef de l'administration des douanes devant le Corps législatif, que la rigueur de la loi était d'autant plus nécessaire, que hors les lignes gardées aux frontières, les marchandises circulaient librement,

____

(1) Il est bien essentiel de prémunir le commerce contre les dangers des jugemens administratifs sans forme comme sans appel.

tandis que dans ce même tems j'ai subi moi-même, au milieu de la capitale, dans l'espace de six mois, deux visites des plus rigoureuses ?

Cependant depuis environ quinze années je n'avais pas eu en ma possession pour la valeur d'un écu de marchandises anglaises, ni aucunes autres susceptibles de prohibition.

Je n'invoquerai pas l'autorité des remontrances du respectable de Malesherbes à son souverain, au nom de la cour des Aides qu'il présidait alors, pour faire sentir l'odieux de ces visites domiciliaires ; mais je veux fournir un appui équitable à l'autorité suprême pour fair cesser des actes arbitraires d'un pouvoir secondaire qui lui aliénerait l'affection de ses plus fidèls sujets.

De toutes les chambres de Commerce, aucune n'est mieux que la vôtre à portée de sentir le besoin de favoriser l'industrie nationale, et de mettre des bornes à la déperdition du numéraire, si nécessaire à l'essor du génie commercial et politique.

Puisque la privation des productions de nos colonies met déjà dans la balance du commerce un grand désavantage inévitable de notre côté, au moins doit-on s'attacher à vaincre le désordre des importations superflues, qui paralisent les opérations des manufactures, dont l'activité a tant d'influence sur l'aisance du peuple, ainsi que sur la richesse publique.

Jamais conjoncture n'imposa plus impérieusement que celle-ci l'obligation de se prémunir contre un système de guerre, dont la spéculation tend à dessécher les sources de la prospérité de l'Empire.

Vous sentez qu'on peut dejà, sans l'effort des armes, réduire l'accroissement des forces de l'ennemi par l'épuisement de cette ressource que lui fournit son commerce interlope chez nous.

Aidons donc au génie qui nous gouverne, puisqu'il a manifesté l'envie de s'entourer des lumières du commerce en formant vos réunions.

Il est peut-être moins facile aux chambres de Commerce de composer l'ensemble de cette espèce de code politi-commercial que je propose, qu'à un seul homme qui a le loisir de s'en occuper uniquement, à raison du tems et de l'application que ce travail exige, et aussi à cause de la diversité d'opinions, résultant de la variété des intérêts personnels.

On ne peut se dissimuler que ceux dont le commerce dérive des importations ne soient naturellement atteints d'une sorte de répugnance pour l'exclusion des marchandises étrangères.

A l'égard d'un traité de commerce avec l'Angleterre, il est admissible ; mais c'est une opération susceptible de beaucoup de précautions. Il faut avoir les secrets du grand commerce pour résoudre le problême de la réciprocité, et pour ne pas laisser échapper les ressources d'un contrepoids à des moyens d'exceptions et de dérogations, dont cette rivale voudrait ensuite abuser.

Le dernier traité a occasionné dans le tems des réclamations de la part des manufactures , et notamment de votre chambre de Commerce aux qu'elles un des collaborateurs de M. Gerard de Raineval a répondu.

L'auteur de cette réponce (1) s'est égaré dans une multitude de fausses démonstrations, par l'insuffisance de sa théorie.

La plupart de ses raisonnemens , en faveur du traité , portent eux-mêmes leur censure , et sont bien faits pour démontrer le danger de sortir de sa sphère. Ils servent aussi à prouver qu'une brillante théorie et de bonnes intentions ne préservent pas des erreurs les plus funestes.

J'aurais , Messieurs , beaucoup de choses à vous dire , mais cette lettre ne comporte pas les grands

______

(1) M. Dupont, alors inspecteur des manufactures.

développemens sur lesquels mon zèle pourrait
s'exercer.

Puissiez-vous ne pas douter de mes sentimens
dans la démarche que je fais auprès de vous, et
être bien convaincu que l'estime et la haute considération, qui vous appartiennent, l'ont seule dé-
terminée.

J'ai l'honneur d'être, avec un respectueux
dévouement, ect.

E T.

LETTRE

AU MINISTRE DE L'INTÉRIEUR.

MONSEIGNEUR,

Les intérêts du commerce et des manufactures, confiés à votre surveillance, étendent les rapports de votre place éminente à ce qu'il y a de plus important dans l'état.

Plein de confiance dans votre sollicitude et dans la solidité de vos principes à cet égard, je viens vous soumettre un Mémoire que j'ai fait pour l'Empereur, qui acquérera tous ses avantages, s'il lui est présenté sous vos auspices.

Vous y verrez que je ne sais point préférer à la vérité, le desir de plaire à l'esprit. Si je parle sous une forme rarement adoptée, c'est que je dois révéler franchement, et sans aucun effort, les notions utiles que j'ai puisée à la source des principes innés de la pratique.

C'est à travers une multitude de difficultés op-
pressives que jusqu'à présent les arts utiles et le
commerce en France se sont maintenus sans pouvoir atteindre au degré de supériorité dont le génie
national est capable.

Il faut que, par une conduite éclairée et constamment sage, on les délivre de ces combinaisons
rétrécies du fisc et d'une conjuration perfide, qui
ont jusqu'alors retardés les grands développemens
de ce génie qui doit planer au-dessus de toutes les
autres nations.

Pour se former de justes opinions sur les matières commerciales, il faut se résoudre enfin à recevoir de l'expérience seule les idées qui en cons-
tituent le but ou l'effet.

Je viens de me procurer un tarif des droits de
douane, annoncés dans le journal des Débats d'a-
vant-hier, avec supplément, d'après le décret im-
périal, du 17 pluviôse an 13, portant augmentation des droits sur plusieurs denrées et marchandises, et qui se trouve, dit-on, au courant jusqu'à
ce jour.

Je ne vous entretiendrai pas ici des imperfec-
tions de ce tarif, ni des états incomplets qui y
sont joints, ni de la versatilité et de l'incohérence des réglemens qui se composent de loix,

de décrets impériaux , de décisions . de lettres
de différens ministres , et aussi de simples lettres
circulaires du directeur général.

Cet assemblage sur lequel on consulte les chambres de commerce pour des réformes , changemens et améliorations , et aussi sur lequel on annonce que ce n'est qu'avec le tems que l'on pourra
se former une opinion sur ce qui est à faire ,
dévoile une inhabileté qui doit enfin faire ouvrir
les yeux au Gouvernement.

Je vous présenterai seulement quelques réflexions sur les observations préliminaires à ce
tarif.

Il paraît que l'administration des douanes se
croit supérieure aux fonctions qui lui appartiennent , puisqu'elle dit que l'imputation de fiscalité
dirigée contre elle , est de toute injustice.

Cependant cette sorte de régie ne doit se composer que d'opérations purement fiscales , telles
que perceptions de droits , saisies , confiscations ,
amendes , poursuites de peines , même afflictives
et capitales. *Res fiscales.*

Il paraît aussi que les intérêts et les rapports
commerciaux se cumulent et se confondent dans
les attributions de M, le directeur général des
douanes.

L'on y dit que c'est lui qui a provoqué la levée de plusieurs prohibitions à la sortie , et qui doit faire étendre cette faveur à beaucoup d'autres objets ; et , comme je l'ai déja observé , que ce n'est qu'avec le tems que l'on pourra se former une opinion sur les changemens à faire au tarif des droits d'entrée , ils dépendront du progrès plus ou moins rapide des arts.

Cette opinion qui n'est pas formée , démontre assez que cette étendue de connaissance en douanes que l'on fait valoir , ne fournit que des idées conjecturables sur les progrès des arts , ainsi que sur ce qu'on doit faire dès ce moment pour en accélérer l'effet.

L'on y dit encore que » les motifs de l'aug-
» mentation des droits sont , pour les toiles , le
» besoin de procurer à la main d'œuvre nationale
» un aliment dont elle était privée par l'impor-
» tation toujours croissante des toiles étrangères ,
» dont la presque totalité provenait de fabrique
» ou du commerce anglais. «

N'est-ce donc pas là un aveu bien formel que la prohibition des toiles de fabrique ou du commerce anglais , est tout à fait illusoire et sans effet?

Il faut convenir que cette augmentation de droits pour procurer à la main-d'œuvre nationale un aliment, est une conception équivoque d'autant plus erronée, qu'elle seule ne peut pas faire cesser l'importation de toiles étrangères des fabriques ou du commerce anglais.

Ce raisonnement sert à dévoiler le vice inhérent à l'administration des douanes, de ne savoir pas faire la distinction des articles anglais de ceux des autres nations, et même de faillir dans ses principes en ne faisant pas exécuter les loix de la matière.

. Voici ce que veut l'article 13 de la loi du 10 brumaire an cinq. » Tous objets de fabrique » étrangère dont l'entrée est permise, ne sont » admis dans l'intérieur de la République qu'au- » tant qu'ils sont accompagnés de certificats d'o- » rigine.

» Les objets de fabrique de l'Inde ne peuvent » être importés qu'autant qu'ils sont accompagnés » de certificats délivrés par les compagnies Hol- » landaises ou Danoises, visées par les Consuls » de France, constatant qu'ils proviennent du » commerce de ces compagnies. «

L'on doit être très-étonné que l'administration des douanes laisse entrer sciemment par ses bureaux, cette énorme quantité de toiles des fabriques et du commerce anglais, formant la presque

tôtalité de celles étrangères, dont elle déclare l'importation toujours croissante.

Sa justification se trouve telle dans le calcul
borné d'un revenu public qui donne lieu à une
exportation de numéraire en faveur de l'ennemi
dix fois plus considérable.

N'en doit-il donc pas résulter en définitif, des
sacrifices pour le maintien du crédit public, et
exposer dans quelques années à une disette qui
occasionnera des embarras incalculables ?

Il est question, dans ces observations préliminaires, de deux places d'inspecteurs ou commis-
saires généraux que devait créer le comité de
commerce de l'assemblée constituante en 1790.

Ces deux places auraient été très-utiles, si elles
eussent été remplies par des hommes pourvus de
la connaissance profonde du commerce. Plusieurs
des attributions y mentionnées font partie de
celles que j'ai à proposer pour l'inspecteur unique
soit commissaire ou intendant dont je parle dans
mon mémoire à l'Empereur.

Toutes celles qui doivent lui appartenir sous
votre correspondance, seront indiquées dans le
travail que je propose, lequel embrasse un plan
beaucoup plus vaste qu'il ne paraît l'être.

L'objet des saisies en général, surtout de celles
qui

qui se font dans l'intérieur, en deçà des deux lignes gardées aux frontières, est susceptible d'une discussion profonde. Il est des faits à ma connoissance qui présentent des conséquences très-sérieuses et d'un intérêt public très-majeur.

Il entre dans mes vûes , non-seulement d'exciter l'émulation manufacturière et commerciale , mais encore de faire opérer le bien de l'état avec le moins de mal possible, et surtout de ne point abandonner le commerce à des emportemens d'un zèle atrabilaire.

Je ne crains pas de le dire ; les français ont besoin de cette énergie que réveillent dans tous les hommes les idées de justice et de patriotisme. Ce sont elles qui ont fait naître dans de petits états ces prodiges de force qui en ont imposés aux plus grandes puissances.

Venise a jadis étonné toutes les nations par le développement de son commerce maritime et de son opulence.

La Hollande compte ses plus beaux jours dans les années qui ont suivi son traité de Munster. Le seul essor de son commerce a produit cette force colossale qui a pesé sur les quatre parties du monde.

L'Angleterre, depuis son acte de navigation en

C

1660 , et plus encore depuis la rupture de son traité de commerce de 1713 , avec la France, a , par l'énergie nationale , acquise une suprématie commerciale , qui lui fait prendre le vain titre de première nation du monde.

Cette suprématie disparaîtra lorsque le gouvernement français se sera formé de justes opinions en matière de commerce, à l'aide desquelles il peut maîtriser les causes qui doivent produire en sa faveur les plus grands effets.

Il est digne, Monseigneur, de votre justice, de votre sagacité et de l'intérêt que vous prenez à la gloire de l'Empire , d'user de votre crédit pour faire opérer l'heureuse révolution dans le commerce , dont j'offre de tracer le plan.

Je suis avec respect , de votre excellence , etc.

E   T.

Paris , ce 25 *Ventôse an* 13.

OBSERVATIONS

SUR UN RAPPORT

FAIT A LA CHAMBRE DE COMMERCE

DU DÉPARTEMENT DE LA SEINE,

SUR

LES JURANDES ET MAÎTRISES.

Il vient d'être imprimé par ordre, dit-on, de la chambre de Commerce de Paris, un rapport sur les jurandes et maîtrises, présenté par sa commission, dont rien n'indique qu'elle l'ait approuvée. Au contraire, il paraît que si elle en a ordonné l'impression, ce n'est que pour connaître l'opinion publique avant de porter son jugement.

C'est dans cette idée que je me permets de faire des observations sur cet ouvrage.

D'ailleurs j'avois dès long-tems senti la nécessité de régulariser le régime des patentes : ce travail tient à un autre très-important pour le commerce et les manufactures, dont je m'occupe, lequel embrasse l'ordre à y établir, ainsi que dans l'administration des douanes, à l'effet de faire cesser les importations considérables de funestes productions étrangères, et d'en opérer l'entière exclusion, sans troubler le commerce intérieur.

Il paraît que les corporations des chambres de commerce donnent trop peu de tems aux affaires publiques pour opérer le bien qu'on en pourrait espérer. Je vais à cet égard copier littéralement ce que dit ce rapport sur les corporations en général.

« C'est une erreur de penser que dans l'établis-
» sement des corporations, l'esprit de corps qui
» s'y introduit, est favorable aux progrès de l'in-
» dustrie, qu'il excite l'émulation entre les mem-
» bres qui les composent ; il n'a point cette direc-
» tion, car les individus ne s'occupent que de
» leurs propres affaires. »

Cette assertion naïve paraît d'autant plus fondée, qu'il est aisé de reconnaître que ce rapport a été fait par quelqu'un d'étranger au commerce, et qui même n'en connaît pas le langage.

Cette chambre de Commerce a sans doute eu la bonne intention de faire faire la recherche des abus qui avaient pu exister dans l'administration des jurandes pour en prévenir le retour ; mais elle, ou sa commission, aurait du choisir un écrivain qui opérât avec connaissance de cause, et sut-tout avec moins de partialité et de prolixité.

La connaissance seulement acquise par la lecture de vieilles loix abolies et d'autres tombées en désuétude, ou de recueils encyclopédiques et d'anciennes traditions infidèles, ne révèle souvent que des faits ignorés de ceux mêmes à qui on les attribue.

C'est abuser de cette connaissance que de ressusciter de gothiques bévues pour égarer l'opinion publique sur ce qui se pratiquait dans les derniers tems. Le règne des jurandes n'est pas assez loin de nous pour que l'esprit romanesque puisse accréditer les idées les plus fausses.

Je n'ai aucun motif d'intérêt de parler en faveur des corporations d'arts et métiers ; je n'ai ni préventions ni prétentions quelconques, et rien ne serait plus ridicule que de m'en supposer.

Malgré les apparences méthodiques de ce rapport, il est aisé d'en démêler les fausses couleurs en le lisant attentivement, surtout lorsqu'on a connu l'exercice de ces corporations.

J'ai pratiqué pendant vingt-cinq années le commerce sous leur régime, sans y avoir occupé aucelle place que celle de simple agrégé, et je n'y ai jamais connu ni éprouvé les effets malfaisans qu'on leur reproche dans ce rapport avec tant d'affectation.

D'abord l'auteur [1] prétend nous apprendre que leur origine remonte au douzième siècle, par l'établissement d'espèces de confréries dans les seules villes royales, sous l'inspection d'un officier appellé *Grand Chambrier de France*, et aussi d'un autre appellé *Roi des Merciers*; qu'il y avait aussi un Roi des Barbiers, un Roi des Arpenteurs, un Roi des Violons : il paraît ignorer qu'il y en avait encore d'autres, notamment un Roi des Ribauds, lequel dégénéra tellement, qu'il fut pris pour exécuteur de la haute justice.

Il est aisé de voir que tout ce qui s'est passé dans ces tems d'ignorance ne peut avoir aucun rapport avec l'état de nos jurandes.

L'auteur nous dit que longtems avant l'office de grand chambrier, celui de roi des merciers existait, tandis que Favier, dans son traité des premiers officiers de la couronne, place le grand chambrier dans le rang de ceux des rois de la première race, et dit qu'il a été supprimé par François Premier.

Si l'auteur du rapport n'eût pas dit que la

(1) M. Dupont (de Nemours) Secrétaire de la chambre de Commerce.

charge du roi des merciers fut supprimée en 1544, rétablie en 1545, et définitivement abolie par Henri IV, on serait moins étonné de trouver aussi peu d'exactitude dans les recherches d'une érudition qu'il affecte pour séduire ses lecteurs.

Ce qui doit paraître singulier, c'est qu'il soit rapporté que Savary a dit que le roi des merciers se faisait payer *de grands droits* pour l'expédition de lettres de maîtrises, qu'il en tirait aussi *de considérables* des visites qui se faisaient de son ordonnance, et que l'auteur dise ensuite que malgré les abus qui firent supprimer le roi des merciers, les droits qui se percevaient étaient assez modiques.

Lequel croire de Savary ou de l'auteur ?

Dans tout cet ouvrage, on ne cesse d'y rencontrer des citations et des transitions qui se contredisent de la sorte.

Il nous dit qu'il y eut deux édits de 1581 et 1583, qui ordonnèrent que tous les marchands, artisans et gens de métiers seraient établis en corps de maîtrise et jurandes, sans qu'aucun pût s'en dispenser, que tous ces corps furent classés et réglémentés, qu'on détermina la forme des réceptions, et les sommes qui seraient payées.

Il dit aussi que selon Forbonnois, on vendit des

lettres de maîtrises sans que les titulaires fussent tenus à faire épreuve ni apprentissage.

Malgré ce dire de Forbonnois, il prétend que c'est à l'époque de ces deux édits qu'elles étaient devenues *véritablement exclusives*; et ensuite il nous avertit que dans beaucoup de villes l'industrie n'était point encore soumise à l'influence des statuts, lorsque l'édit de mars 1673 porta l'esprit réglémentaire sur tous les points.

D'après tout cela il est difficile d'apprécier ces édits de 1581 et 1583 qui ont établi les corps de maîtrise et jurandes qui furent, selon l'auteur, tous classés et réglémentés, sans qu'aucun pût s'en dispenser, et devenus alors véritablement exclusifs, dès lorsque l'industrie n'était point encore soumise généralement à l'influence des statuts et à l'esprit réglémentaire avant l'édit de 1673.

De toutes ces obscurités on peut au moins en conclure qu'il n'y a pas jusqu'alors de similitudes avec les jurandes modernes.

Ce rapport donne la nomenclature d'offices créés à dix époques sous le règne de Louis XIV, depuis 1691 jusqu'à 1709, dont le dénombrement, qui remplit quatre pages, forme une quantité de 56, et il dit qu'on fait monter le nombre de ceux créés à ces époques à plus de quarante mille.

Cette excessive division et subdivision du corps social dans ce court espace de tems, est tout à fait incroyable et tient du délire.

Non-seulement il serait impossible de faire le dénombrement du dixième, mais même du quarantième.

Partout on voit que l'auteur a plus l'habitude de raisonner que de calculer ; mais quelque soit le motif de ses raisonnemens, c'est toujours un expédient honteux que les exagérations.

Dans ces corporations nouvelles, il prétend « qu'on n'y était admis qu'avec de grandes céré- » monies, et que pour avoir le droit de travailler » il fallait subir toutes les épreuves d'une espèce » de franc-maçonnerie. »

L'auteur se montre ici plutôt satyrique qu'historien.

Moi qui ai fait mon apprentissage à Paris, et qui ensuite y ai reçu mon brevet de maîtrise du bureau des six-corps des marchands, j'ai bien le droit de certifier qu'on ne m'a fait subir ni de grandes cérémonies, ni aucune espèce d'épreuve pour cette obtention du prétendu droit de travailler.

Je crois très-fermement que l'auteur n'a pas plus assisté à des réceptions de franc-maçons, qu'à celle des corporations d'arts et métiers, et aussi qu'il est certaines épreuves dont il aurait grand besoin.

Il est tout à fait inconcevable qu'il se permette de tracer ainsi l'historique des institutions publiques, en présence même des contemporains. Si cela n'est pas de son invention ; on peut croire à ce qu'a dit un écrivain : « que ce qui plaît le plus à répéter, ce sont les romans. »

Encore l'auteur dit-il, que tous ces détails ne sont pas inutiles à rappeler ; que tant de gens aiment à se plaindre du présent, qu'il faut bien leur mettre des comparaisons sous les yeux.

Il faut donc bénignement croire que celui-là est un bien bon homme, qui, par un saint amour de l'humanité, récite des romans pour la consoler de ses misères ; mais les incrédules pourraient bien ni voir qu'une triste jactance seulement propre à appauvrir sa raison et son bonheur.

Il assure qu'il y avait des communautés qui plaidaient depuis deux siècles, que le procès entre les fripiers et les tailleurs duraient depuis 1530, et n'étaient pas terminés en 1776, et il dit : « combien de tems perdu, combien de frais, de *factums*, d'animosités, de haines et de querelles pour établir la démarcation entre un habit neuf

» et un vieil habit ! Les cordonniers et les save-
» tiers étaient aussi en dispute pour leurs préro-
» gatives, etc. »

Pésons donc ces brillantes exclamations.

L'on a déjà pu voir que ces faits sont démentis
par les récits de l'auteur lui-même. Il paraît qu'à
mesure qu'il écrit, il oublie ce qu'il a dit; c'est le
défaut assez ordinaire des hommes qui n'ont que
de l'esprit.

Ne se souvient-il donc pas avoir écrit que les
confréries, en 1530, et pendant plus de 60 ans
après, étaient gouvernées par le roi des merciers,
à qui en appartenait la grande police, qu'elles
n'ont pu être considérées comme corporations ré-
glées, et qu'elles ne le sont devenues qu'à l'époque
des édits de 1581 et 1583, lorsqu'on a introduit
des magistrats particuliers, et que ce n'est qu'alors
qu'elles sont devenues véritablement exclusives?

Comment peut-il donc prétendre que des querelles de confréries, abolies selon lui en 1583,
devaient être jugées pendant les deux siècles sui-
vans, et sous le règne des jurandes, qui se régis-
saient par des loix nouvelles et sous d'autres
formes?

Croit-il donc nous persuader que si l'on établis-
sait de nouveau des jurandes, il faudrait, nonob-

stant toutes formes nouvelles, mettre encore en jugement ces pitoyables querelles de près de trois siècles, qui ont existé du tems des confréries, gouvernées par le roi des merciers, pour établir une démarcation entre un habit neuf et un vieil habit, ainsi que pour les prérogatives entre des cordonniers et des savetiers ?

Ah ! combien cet auteur prête à la critique, même à l'ironie ; mais ce genre ne m'appartient pas. Je me réduis à de simples observations, et c'est à regret que je ne puis pas toujours contenir une sorte d'irritation d'esprit que me font éprouver ses outrages à la vérité et au bon sens.

Très-certainement si ces pitoyables querelles n'ont pas été jugées dans leur tems et depuis 1530 jusqu'en 1776, c'est qu'elles ne devaient jamais l'être.

Toutes ces fadaises ne sont placées dans ce rapport que pour faire ombre au tableau, ou plutôt pour l'obscurcir ; c'est s'amuser à créer des ridicules pour avoir le plaisir de les critiquer.

Quant aux jurandes, nous savons qu'à Paris le lieutenant de police et le procureur général du parlement terminaient, de leur propre autorité et sans frais, des difficultés bien plus sérieuses.

Il reproche au régime des jurandes que les

étrangers étaient exclus dans les statuts, et ensuite il annonce que par un édit de Louis XV,
on leur en avait laissé l'entrée libre.

Dès-lors que l'erreur avait été réparée, c'est
parler pour ne rien dire.

Après avoir tracé un tableau de distinction de
jurés, de gardes, de maîtres anciens et modernes,
de syndics, de faveurs pour des veuves, de fils
et de gendres de maîtres, d'apprentissage et de
compagnonnage, ainsi que de prétendus chefs-
d'œuvre exigés, l'auteur dit que dans les derniers tems il existait un usage autorisé, qui dis-
pensait d'apprentissage, de compagnonnage et
de chef-d'œuvre, suivant la somme qu'ils étaient
disposés à payer à la communauté, et que l'argent
fut le tarif du mérite des initiés.

Encore une fois, dès qu'on avait dérogé à des
abus par un nouvel usage autorisé, il est très-
inutile de les rappeller ; mais en parler tout ex-
près pour dire que l'argent fut le tarif du mérite
des initiés, et que la dispense était suivant la
somme qu'on était disposé à payer aux communautés, c'est leur prêter le ridicule de l'arbitraire
et même d'une exaction qui ne pouvait pas exister.

Pour détruire l'échaffaudage de cette critique
mensongère, il suffit de dire qu'on versait le paye-

ment à la caisse des parties casuelles, et que sur la production de la quittance du receveur, on était reçu à la communauté. Tout ce qu'on avait à lui payer était fixé par l'autorité suprême d'une manière invariable, et la quittance en était délivrée.

Le peu qu'on donnait, de pure générosité, au clerc de la communauté, était la seule chose qui n'était pas fixée.

Cette affectation de ne jamais donner aux objets la couleur naturelle qui leur convient, sert à faire voir combien l'esprit de parti nuit à la raison et rend l'homme injuste.

Je suis très-fondé à accuser l'auteur d'esprit de parti, car bientôt l'on va voir que toutes ces enluminures que j'ai retracées, et tant d'autres que j'ai délaissées, ont pour but de faire l'éloge de M. Turgot qui avait fait supprimer les jurandes, et de vanter cette fausse opération comme si elle devait immortaliser ce coriphée des économistes dont l'auteur est un sectaire des plus ardens.

A la suite de ce tableau de distinction, de jurés, etc. il est dit que « tous ces personnages » n'étant point disposés à applaudir à la suppres- » sion de priviléges dont l'abus était vivement senti, ils répandaient des mémoires dans les-

» quels ils s'écriaient qu'on voulait détruire les
» manufactures. »

Quel rapport ont donc les manufactures avec
des mémoires pour le maintien des jurandes ?
L'on sait à n'en pas douter, que la suppression
de celles-ci ne pouvait pas opérer la destruction
des autres, ainsi c'est encore une futilité qui ne
peut aucunement étayer le système de l'auteur.

Dans l'étendue de ce rapport, l'on y confond
la police des jurandes avec l'inspection particulière des manufactures, les offices civils avec les
maîtrises, le commerce avec les métiers ; on affecte d'assimiler la profession des laboureurs et
vignerons isolés dans les campagnes, avec les corporations des arts et métiers dans les villes, et
on s'efforce de prêter à celles-ci le ridicule des
priviléges exclusifs et gratuits pour des inventions, etc. enfin c'est véritablement un cahos de
raisonnemens inextricables.

L'auteur assure que les consommateurs trou-
vaient tout naturel qu'on interdît à un cordonnier
qui n'avait pas ses lettres de maîtrise, la faculté
de faire des souliers, *tant on était convaincu,*
dit-il, *qu'on ne pouvait faire de bons souliers sans
l'agrément des chefs du corps des cordonniers.*

Ne semblerait-il pas à ce langage que pour

ériger en corps de maîtrise la profession des cordonniers, le législateur ait consulté les consommateurs de souliers, et que ceux-ci ayent eu moins de bon sens que les consommateurs de sabots ?

"Pour moi qui suis un des consommateurs de souliers, je prie l'auteur de me retrancher du nombre *de ses convaincus*, car le cordonnier qui m'a chaussé constamment pendant le règne des jurandes, demeurait dans l'enclos du Temple, où il travaillait sans avoir de lettres de maîtrise

"Malgré l'assertion de l'auteur, j'ose croire que je n'étais pas le seul séparé de la foi *des convaincus*, car mon cordonnier et un grand nombre d'autres habitans des lieux privilégiés, et par conséquent dispensés de lettres de maîtrise, avaient beaucoup de pratiques qui ne tenaient pas à l'agrément des chefs du corps des cordonniers pour avoir confiance dans la bonté de leurs souliers.

"Ce n'est pas le cas de dire que l'auteur raisonne avec plus de subtilité que de solidité, car ce raisonnement-ci est plutôt d'un empirique que d'un dialecticien.

"C'est pourtant avec de telles expressions forcées d'une imagination la plus exaltée, qu'il croit constituer en sa faveur des idées libérales, et se faire

faire considérer comme le restaurateur de la rai-
sonhumaine.

Je n'en suis encore , dans ma discussion ,
qu'au commencement de cette compilation sur-
chargée de vains prestiges , mais comme je n'ai
pas l'intention d'ennuyer le lecteur de raisonnemens inutiles qui se multiplient à l'infini , je m'en
tiendrai principalement à ce qui compose la première des cinq parties formant la division annon-
cée dans le préambule , et je discuterai brièvement les autres , d'autant plus que c'est dans ce
chapitre premier que l'auteur croit avoir tué les
jurandes par l'autorité de l'opération et des raisonnemens qu'il rapporte de M. Turgot.

Quoiqu'il ait annoncé dans son préambule, que
dans la seconde partie il discuterait la tendance
naturelle des corporations à l'exclusif, l'on voit
dans la première, qu'il la fait dériver des dépenses
dont elles étaient chargées (à juste titre) et dont
l'énumération remplit deux pages , parce qu'il fait
une espèce de dilemme à chaque article.

Cette idée est si insignifiante que je l'ai négli-
gée , ainsi que beaucoup d'autres de cette nature.

Me voici arrivé au système de M. Turgot.

L'auteur dit : » Turgot apporta dans le minis-
» tère des idées et des principes plus favorables

» au commerce ; mais il essaya vainement de les
» faire adopter ; on parvint à décrier ses plans
» des mieux conçus ; ceux qui ne pouvaient com-
» prendre ses grandes vues, cherchèrent à les
» ridiculiser ; on combattit avec des sarcasmes
» des principes et des vues qu'on n'osait ridicu-
» liser ; et comme cela ne suffisait pas encore à
» ses ennemis, ils eurent recours à des émeutes
» populaires pour faire disgracier un ministre
» dont on craignait autant la probité que les lu-
» mières ; l'édit de 1776 supprimait toutes les
» corporations et leurs priviléges nombreux, etc.
» Le préambule de cet édit est remarquable par
» la clarté et la force des raisons qui le justifient,
» et enfin il termine par déclarer qu'il ne saurait
» mieux étayer son opinion à cet égard, qu'en
» en rappellant les principaux passages. «

C'est ainsi que la partialité s'efforce d'exciter
l'enthousiasme pour un héros imaginaire. Jamais
la frénésie, l'aveuglement, l'absurdité en politique
n'ont été plus loin.

L'on pourrait bien dire que les bords de la
Garonne n'ont jamais entendu des hyperboles
plus outrées.

Pourra-t'on jamais croire que ce soit des commerçans qui parlent ainsi, et qui révèrent comme

un oracle infaillible un homme qui ne s'est fait
connaître un instant dans le ministère des finances
que par des mesures violentes et trop précipitées,
et dont le système de destruction des jurandes
mal combinées, blessa tous les intérêts du commerce, *et couta excessivement cher à l'état.*?

Ces dernières paroles sont de Louis XVI, mais
rien ne peut mieux manifester les lumières de
l'avocat général Séguier, que fes dénonciations
et réquisitoires contre les innovations irréfléchies
et les conceptions fausses de M. Turgot.

¿ Quel serait, en effet, le commerçant éclairé,
surtout le contemporain de M. Turgot, qui ayant
connu ses erreurs, ne rougirait pas de s'en avouer
le sectateur ?

— Son plan était tellement mal conçu, qu'il en
est résulté un désordre affreux dans la capitale,
et des malheurs incalculables pour le commerce
en général.

Il a détruit le bon ordre que maintenait la police des jurandes, sans avoir pris aucunes mesures
de précaution pour prévenir la confusion excessive qui est résultée de cette suppression.

Sitôt la publication de son édit, toutes sortes
de gens se sont faits marchands, même des domestiques, crocheteurs et autres, sans avoir ni

les élémens ni les facultés nécessaires pour l'être.

Dans Paris, les rues, les quais, les ponts, les boulevards et tous autres lieux publics furent tout à coup couverts de vendeurs ambulans, colporteurs étalant et criant des marchandises de toutes espèces, sans qu'on employât aucuns moyens de maintenir le bon ordre.

Ce système de liberté dégénéra en une licence des plus effrénées, et il en résulta, comme on le disait dans le tems, un véritable gachis.

Les petits marchands rouleurs, habitués à parcourir les campagnes, à fréquenter seulement les foires et marchés francs, se portaient journellement dans les villes où ils agrandissaient leur commerce ambulant, au préjudice des marchands domiciliés, qui y avaient des établissemens importans et stables.

Aussi est-il résulté que la plupart des marchands en magasin et en boutique, pendant leurs maîtrises, payant des loyers, des impôts, supportant des frais de commerce très-lourds, et ayant des assortimens de marchandises d'une valeur considérable à leur charge, ont été forcés de manquer tout-à-coup à leurs engagemens par l'effet de cette révolution subite et inattendue.

Jamais on n'avait vu autant de faillites qu'il en

est survenues à la suite de cette opération désas-treuse et anti-financière.

Les marchands éprouvaient la douleur de voir porter dans toutes les maisons chez leurs pra-tiques, crier dans les rues et étaler de toutes parts, même devant leurs portes, sur des trétaux et dans de vastes paniers, des marchandises de leur commerce, de les voir vendre à leur préjudice à toute sorte de prix, sans pouvoir l'empêcher, si ce n'est par des actes de violence.

J'ai vu à Paris des marchands désespérés, s'ar-mer de balais, ainsi que leurs garçons de bou-tiques, pour jeter de la boue du ruisseau sur les marchandises de ceux qui prétendaient s'arrêter et obstruer le devant de leurs boutiques.

Cette petite populace mercantille, de l'arro-gance de laquelle le ministre des finances parais-sait s'enorgueillir, prétendait dominer, et s'arro-geait le droit de molester les anciens marchands. Il y avait à chaque instant des batteries dans tous les quartiers de Paris, qui occasionnaient des attroupemens et des rassemblemens de peuple très-considérables et tout à fait inquiétans.

C'est à cette occasion que l'auteur ose dire, *que les ennemis de Turgot eurent recours à des émeutes populaires, pour faire disgracier un mi-*

nistre , dont on craignait la probité et les lu-
mières.

N'est-ce donc pas en trahissant ainsi la vérité, qu'on se met dans le cas d'être accusé d'artifice et d'intrigue , sur-tout lorsqu'on traite des questions qui intéressent un grand Empire?

Jamais fit-on mieux voir que l'esprit de parti est le plus grand fléau de la raison et de la société ?

Ce préambule de l'édit de 1776 , que l'auteur dit être remarquable par la clarté et la force de raison , dont il rappelle seulement les principaux passages de son choix , ne peut servir qu'à faire voir que ce ministre passager traitait une question qui lui était tout à fait étrangère.

Le début annonce que le roi doit à tous ses su-jets de leur assurer la jouissance pleine et entière de tous leurs droits, comme s'il allait les affranchir de toute sujétion contraire à la liberté naturelle, tandis que surchargé d'une dette énorme, il n'avait que l'embarras du choix des nouveaux impôts pour les en accabler.

Il prétend dans ce premier passage (c'est l'expression de l'auteur) élever la classe d'ouvriers, qui n'a de propriété, dit-il, que son travail, au niveau de celle des maîtres pour qui ils travaillent, et ensuite au quatrième, il dit que la marche de toute entreprise de trafic et d'industrie exige le concours d'entrepreneurs et de simples ouvriers, qui travaillent pour le compte des premiers, moyennant un salaire convenu; ainsi il se plaît d'abord à confondre la classe salariée avec la classe des entrepreneurs, et ensuite il en établit la distinction nécessaire.

Cela n'implique-t-il donc pas la plus manifeste contradiction ?

Au deuxième passage, il emploie le nom de Dieu, et, d'un style de prédicateur, il a l'air de vouloir, comme apôtre de l'humanité, faire concorder son système avec celui de la création de l'homme ; mais on voit que la persuasion est une divinité qui lui est tout aussi étrangère que l'administration des finances.

Au troisième, il affecte de ne pas avoir la crainte que des artisans usent de la liberté pour exercer le métier qu'ils ignorent : il en donne pour exemple « que les ouvriers des faubourgs et autres lieux » *non privilégiés*, ne travaillent pas moins bien » que ceux de l'intérieur de Paris, et il prétend » que *tout le monde sait* combien la police des » jurandes, quant à ce qui concerne la perfection » des ouvrages, est illusoire. »

« Ainsi voilà donc M. Turgot en pleine contradiction avec son plus grand partisan, ou plutôt
ce partisan en contradiction avec lui-même, car
il est aisé de reconnaître le faiseur de M. Turgot.

On n'était donc pas, selon ce ministre, *convaincu* qu'on ne pouvait faire de bons ouvrages
sans l'agrément des chefs des corps, comme l'a
avancé l'auteur du rapport. Si celui-ci n'était pas
aussi distrait, et s'il avait pu se souvenir de ce
qu'il avait écrit, il aurait sans doute retranché aussi
ce passage du préambule qui lui donne un dé-
menti formel.

A l'égard des ouvrages des faubourgs, on en a
de tous tems, dans beaucoup de genres, fait la
distinction dans le commerce ; mais comme c'est
le prix qui en décide, le raisonnement du contrôleur général est d'une grande futilité.

Il dénomme lieux non privilégiés, ceux non
soumis aux jurandes, quoiqu'on ne les ait jamais
appellés autrement que lieux privilégiés ; et, en
effet, qui peut dire raisonnablement que celui qui
est affranchi du payement d'un droit, ou d'un
impôt, ne soit pas un privilégié ? Ceci est tout
différent de ce qu'on appelle privilége d'une communauté ; mais tout change de nature dans les
raisonnemens scientifiques des hommes à système.

Il est encore dit dans ce même passage, » que
» tous les membres des communautés étant portés
» par l'esprit de corps à se soutenir les uns et
» les autres, un particulier qui se plaint, se voit
» presque toujours condamné, et se lasse de
» poursuivre de tribunaux en tribunaux une jus-
» tice plus dispendieuse que l'objet de sa plainte.

Donc, M. Turgot, en admettant dans son systême, comme juge de première instance, les
chefs des communautés, paraît croire que leur
justice était dispendieuse, tandis qu'elle était gratuite, et il ne s'égare pas moins à l'égard de sa
supposition de partialité.

Mais encore, on ne voit pas qu'il ait donné à
ce particulier qui se plaint, une voie moins dispendieuse, ni de meilleurs juges. Au contraire,
il le forçait de recourir directement à des tribunaux où la justice ne se rendait qu'à prix d'argent, et avec bien moins de certitude relativement à la nature des contestations.

Toutes ces petites équivoques mal alambiquées,
sont de petits moyens qu'on peut se permettre de
repousser par ce trivial proverbe : » quand on
» veut tuer son chien, on dit qu'il est enragé. «

Indépendamment de ce que j'ai observé que le
premier et le quatrième passage impliquaient

contradiction, il existe dans ce dernier une bisarrerie singulière. Ses douze premières lignes sont tellement en faveur de l'institution des jurandes, que si on voulait opérer leur rétablissement, le sens y conviendrait mieux que pour leur destruction.

Pour en convaincre, je vais en présenter la copie.

« Ceux qui connaissent la marche du com-
» merce, savent aussi que toute entreprise im-
» portante de trafic ou d'industrie, exige le con-
» cours de deux sortes d'homme : d'entrepre-
» neurs qui font les avances des matières pre-
» mières, des ustensiles nécessaires à chaque
» commerce, et de simples ouvriers qui travaillent
» pour le compte des premiers, moyennant un sa-
» laire convenu. » Telle est la véritable origine de la distinction entre les entrepreneurs ou maîtres, et les ouvriers ou compagnons, laquelle est fondée sur la nature des choses (on peut ajouter) *et concorde parfaitement avec l'institution des jurandas.*

Cette finale peut bien remplacer celle qui dit : *et ne dépend pas de l'institution arbitraire des jurandes.*

On voit facilement que ces derniers mots conviennent moins que ceux qui les remplacent ; car quoique l'origine de la distinction ne dépende pas de l'institution des jurandes, il n'en est pas moins vrai et constant que cette distinction concorde parfaitement avec celle établie par le régime des jurandes.

Rien n'est plus vague, plus incohérent, ni plus faible que les raisonnemens du ministre en faveur de son système, et l'on pourrait en inférer qu'il n'était ni financier, ni commerçant, ni écrivain, ni homme d'état, quoiqu'il fût un homme d'esprit; et l'on pourrait aussi ajouter qu'il n'avait qu'une connaissance très-superficielle du régime des jurandes.

Ses grandes vues que l'auteur prétend qu'on ne pouvait comprendre et qu'on a cherché à ridiculiser, se sont étendues jusques sur la forme des carosses, cabriolets et diligences.

Les modèles de ces sortes de voiture qu'il a fait établir, tant pour lui que pour le public, et qui se sont tout à coup multipliées, étaient d'une forme tellement écrasée, que malgré l'abaissement des siéges, l'on y avait forcément la tête baissée, sans être d'une grande taille, de sorte qu'ayant les genoux très-élevés, on se trouvait dans une attitude, formant un demi-cercle, tout à fait fatigante.

Mais la plus grande difficulté était d'y entrer et d'en sortir : cela ne pouvait se faire qu'en fléchissant beaucoup les genoux et en baissant beaucoup la tête ; ainsi l'on peut juger si cette partie des grandes vues de M. Turgot pouvait lui être favorable dans l'opinion publique.

Ces sortes de voitures plates s'appelaient *turgotines*. L'on a aussi fait à cette époque des tabatières en l'honneur du système turgotin, qui ont été réduites jusqu'à environ six lignes de profondeur, qu'on appelait de leur vrai nom *platitudes*, et aussi *turgotines* : ces deux mots étaient alors synonymes.

Cet homme n'a véritablement fait parler de lui, dans sa place de contrôleur général, que par ses ridicules.

Dans le quatrième passage, à la suite de ce que j'en ai rapporté, au lieu de s'exprimer comme les vrais commerçans et les manufacturiers, *faire de mauvais ouvrages*, il dit : *gâter la marchandise.* L'usage qu'il fait de cette expression se rapporte véritablement au langage communs des petits vendeurs des halles, soit fruitiers, savetiers, fripiers, etc. il semblerait qu'il n'a écrit que pour ces petites gens.

Dans le cinquième et dernier passage, il croit

voir dans son systême de commerce libre , que le nombre des marchands et ouvriers, y est nécessairement proportionné à la consommation , et il ose dire qu'il ne passera point cette proportion.

Où a-t'il donc étudié son arithmétique ? ce calcul insoluble n'est pas sûrement le résultat d'une règle de proportion ni de multiplication composée.

Si ce savant eût seulement possédé cette science bornée , il n'aurait pas fait ce raisonnement absurde.

Rien ne peut mieux servir à prouver que lorsqu'on part d'un principe faux , il est impossible d'en tirer des conséquences justes.

Il paraît que ce ministre, relativement à la science commerciale et financière, peut être rangé dans la classe de ceux dont parle Forbonnois. Voici ce que l'auteur lui fait dire dans son rapport.

» La plupart de ceux qui étaient employés à
» l'administration du commerce et des finances ,
» bornaient leurs études et leurs combinaisons à
» recueillir les ordonnances , et à observer leurs
» formes. Avec de pareilles connaissances, on
» prétendait voir tout en homme d'état ; et par
» malheur pour l'état, on décidait de tout. «

Ne pourrait-on pas dire à l'auteur, *nosce te*

ipsum ? Quelle différence de ce préambule du contrôleur général à ceux que nous a donnés à peu près dans ce tems le chancelier Maupeou. Celui-là pouvait, par son éloquence, égarer dans les régions du beau idéal ; mais loin du beau naturel, le ministre Turgot ne présente qu'un style faible et commun ; c'est un mélange d'idées les plus mal alambiquées, qui ne ressemblent à rien de ce qui peut caractériser un homme d'état.

L'auteur, après avoir présenté les passages du préambule de son choix, dit : « Turgot et Trudaine père, furent les défenseurs de la liberté » industrielle ; mais ils ne purent exécuter leurs » projets. »

Pourquoi donc, sans motifs ni raisons plausibles, présenter brusquement sur cette scène le nom de M. Trudaine ? Quel est donc le rôle qu'a joué ce directeur des ponts et chaussées dans cette opération destructive des jurandes ? Quel est aussi le bien que cet administrateur du second rang a fait au commerce, dont les rapports lui étaient tout à fait étrangers ?

Croit-il donc, cet auteur, que les connaissances commerciales s'acquièrent aussi facilement que le titre honorifique de conseiller d'état et aux conseils royaux des finances et du commerce ?

On apperçoit aisément que c'est par esprit de coterie qu'après avoir vanté à outrance son Turgot, il lui associe son Trudaine, dans la fausse idée que cela peut donner plus de poids à leur système social.

Mais M. Turgot connaissait-il bien le mérite des jurandes ? Est-ce bien lui qui a rédigé l'édit de leur suppression ? Non, sans doute. L'on doit croire que l'auteur du rapport était un de ses collaborateurs, et que ce préambule, qu'il trouve si remarquable, a été fabriqué par lui. On y reconnaît le désordre de ses idées et son style irréfléchi, qui ne peut séduire que des hommes inexpérimentés, ou de ceux qui lisent rapidement et avec indifférence.

Il termine le long article consacré à son héros en disant : « l'édit de 1776 ne survécut pas long-» tems à la retraite de Turgot. »

« Necker, qui vint après lui, crut trancher la » difficulté en ne prenant aucun parti ; c'est-à-» dire, en laissant subsister avec les corporations » une sorte de liberté industrielle. «

Dans ces quatre dernières lignes tout est mensonge. Il semblerait que plus l'auteur écrit, plus il se détourne de la vérité. Il brave même l'honnêteté à un tel point, qu'il paraît croire n'être lié à la société par aucune obligation.

Le successeur de M. Turgot est M. de Clugny et non pas M. Necker. C'est sous l'administration de ce M. de Clugny que les jurandes ont été rétablies ; ainsi donc M. Necker n'avait ni difficulté à retrancher, ni parti à prendre à cet égard.

Voilà pourtant tout ce que l'auteur ose dire du rétablissement des jurandes dont le régime a été perfectionné.

N'est-il pas inconcevable qu'après avoir écrit jusqu'à satiété à la louange de M. Turgot, et un volume entier contre le régime des jurandes supprimées par lui en 1776, il ne daigne pas donner un seul mot à l'opération de M. de Clugny, quoiqu'elle seule puisse fixer l'opinion sur le mérite des jurandes modernes ?

20 Encore faut-il remarquer qu'il a soin de ne pas parler de l'édit, ni de l'époque de ce rétablissement des jurandes, et que ce qu'il en dit est présenté d'une manière tellement détournée et fausse, qu'il voudrait faire croire que c'est M. Necker qui, en rétablissant les corporations, les a seulement laissés subsister telles qu'elles existaient avant M. Turgot, sans prendre aucun parti. C'est ainsi qu'il ose s'exprimer.

Déja taire ici la vérité sur cette nouvelle organisation des jurandes, c'est la trahir ; mais encore

on

on voit que l'auteur craint de faire connaître cette sorte de liberté industrielle qui a subsisté pendant les quatorze années environ, qui ont précédé la révolution, parce qu'il a reconnu que le régime en était bon.

L'on apperçoit dans ce silence astucieux, que l'auteur est bien moins jaloux d'éclairer le Gouvernement sur ses véritables intérêts, que de renverser toutes les idées reçues qui peuvent contrarier son systême turgotin.

Pour le faire briller sur la scène, il se permet d'aller fouiller dans l'obscurité des siècles éloignés, et de cacher ce qui a été fait dans les derniers tems. N'est-ce donc pas pousser la dissimulation et la mauvaise foi plus loin que ne le permettent les idées les plus communes ? En retraçant avec exagération les bisarreries et les travers de vieux systêmes renversés, anéantis, ne contractait-il donc pas l'obligation de retracer aussi la forme des institutions perfectionnées par les progrès de l'esprit humain ?

N'est-il pas avéré qu'en combattant l'institution des jurandes, l'auteur n'a eu pour but que de vanter M. Turgot, dont il s'est déclaré ouvertement le champion, et que moins sûr de sa force que de la faiblesse de sa cause, il n'a pas osé rendre

E

compte de l'opération de M. de Clugny, parce que cela aurait rétréci l'espace que remplit sa vaste critique, et fait tomber le voile imposteur dont il couvre le système de son héros ?

Dès-lors que le rapport ne dit rien du régime établi par cette dernière organisation, l'on peut en conclure, que ce rapport doit être considéré comme nul et non avenu, et que c'est absolument un rapport à refaire : cela seul le frappe d'une nullité indélébile.

C'est une étrange frénésie que l'esprit de parti. Il trouble tellement la tête de ceux qui en sont atteints qu'ils se livrent sans mesure à des travaux longs et pénibles pour parvenir à la fin à se rendre ridicules et à se faire mésestimer.

Immédiatement après les quatre lignes, qu'à faux il consacre à M. Necker, l'auteur annonce que « l'édit de 1779 laissait à chacun la liberté de » faire des étoffes dans les dimensions qu'il vou- » drait, en y faisant appliquer un plomb qui in- » diquerait la nationalité du produit et la nature » de la fabrication ; mais qu'on ne pouvait faire » apposer le plomb du gouvernement sans se con- » former aux réglemens pour la fabrication. »

Ainsi l'on voit que dans cet édit, postérieur de trois années à celui qui a rétabli les jurandes, il n'est question que de fabriques et de manufactures , et nullement des jurandes et maîtrises ; car elles ne faisaient pas des étoffes , et ne devaient pas par conséquent se conformer aux réglemens pour la fabrication. Eh bien ! quoi qu'il en soit, il ajoute : « Les jurandes et les maîtrises restèrent » donc à peu-près dans le même état.

Par conséquent, toujours subvertion de choses et de principes ; sans cesse des contre-sens, et de faux exposés.

Dans ce qui termine cette première partie du rapport , il n'est question que d'un changement de forme de l'administration du commerce en 1788 ; de l'utilité des chambres de Commerce , parce qu'elles connaissent, y est-il dit , *les localités* ; de l'institution d'un conseil général de commerce et de la formation prochaine d'une section de commerce au conseil d'Etat. « C'est par ce concours , que » l'auteur dit habilement combiné , de toutes les » lumières et de tous les intérêts , qu'on pourra » sans cesse connaître les vrais intérêts du com- » merce. »

Ainsi soit-il.

Cependant , à l'égard de cette connaissance des localités , dont l'auteur fait un mérite aux chambres de Commerce , je suis forcé d'avouer , qu'il me paraît extrêmement difficile de l'apprécier, et même de déchiffrer la signification qu'il entend donner à ce mot *localités*, pour indiquer l'utilité qui en doit résulter.

A-t-il voulu dire qu'elles connaissent la situation des manufactures ; la nature de leurs productions, ou des matières qu'elles emploient ; la résidence des marchands, négocians, armateurs ; l'étendue des villes commerçantes ; les productions des divers sols ; les négociations et les opérations principales de commerce de chaque département ; les usages des diverses places de commerce, leurs rapports entr'elles ; les foires, les marchés, les débouchés des différentes productions, etc., etc. ?

Enfin puisque dans ces acceptions ce terme *localités* n'est pas français, et qu'il ne peut avoir ici de définition véritable, il est à croire que l'auteur a eu la malicieuse intention de réduire l'utilité des chambres de commerce à zéro, selon d'ailleurs tous les moyens qu'il a employés pour le faire croire. S'il en était autrement, on pourrait en conclure qu'il ne devrait pas avoir la prétention d'aller siéger à l'institut.

Selon que je l'ai annoncé, je discuterai brièvement les quatre autres parties, qui n'offrent aussi que confusion, exagération, subtilités et erreurs.

La deuxième a pour titre : *Des corporations en général, de leur utilité et de leurs inconvéniens.*

D'abord, il n'y a pas un seul mot sur leur utilité. L'auteur persiste à prétendre que les chefs de toutes corporations, quoique considérés comme des notables bourgeois, n'étaient que la lie de chaque communauté, et il ne cesse de continuer le tableau le plus hideux de leurs principes.

» Ces corporations ne sont, selon lui, que des
» tourbillons de discorde, le nombre de leurs
» procès est immense, leurs dépenses sont incal-
» culables ; il va jusqu'à dire que leur mission
» était d'empêcher les progrès de leur art, plutôt
» que d'encourager ; qu'elles exigeaient des rétri-
» butions, souvent arbitraires, pour accorder la
» permission de travailler ; qu'elles pesaient la ca-
» pacité dans leurs balances d'or ; qu'elles étaient
» avides dans la perception de leurs droits ;
» qu'elles avaient inventé de nombreux grades ;
» que c'était des intermédiaires du fisc, des per-
» cepteurs d'impôts onéreux ; que loin d'avoir
» favorisé les progrès de l'industrie, elles ont sans
» cesse entravé sa marche, ralenti son activité ; «
et prétendant peindre leur véritable esprit, il leur fait dire :

» Nul ne pourra travailler hors nous et nos amis.

« Il est défendu à ceux que nous n'avons pas
» adoptés, d'exercer leur industrie ; c'est-à-dire,
» il est défendu de vivre à ceux qui n'auront pas
» la faculté de nous en payer le droit. «

Telles sont ses expressions, extraites des seules
trois premières pages. Est-il donc possible de
pousser plus loin le délire ? Y eut-il jamais de
lubies capables de mieux déceler l'imperfection du
cœur humain et de l'esprit de système ?

L'auteur pourrait-il être fondé à réclamer contre
la plus dure censure de ses écarts, dont l'excès est
porté au plus haut dégré d'indécence ?

Pour faire valoir ses fausses idées, il ne cesse de
répéter avec affectation : » que la liberté de tra-
» vailler est sacrée ; que les corporations con-
» damnnent à l'oisiveté ; que ce sont des autorités
» parasites et destructives du travail. «

Afin d'avoir occasion d'ergoter sur le mot travail,
il amène M. Ferrières sur la scène, pour lui reprocher d'avoir dit : » L'argent est plus que les richesses, car il les crée toutes ; l'argent est donc
l'ame du monde commerçant. «

Cette opinion est incontestable pour les hommes
de bons sens ; mais l'auteur prétend qu'on doit
substituer au mot *argent*, celui *travail*. Rien ne
peut encore mieux dévoiler le vice de l'esprit de
système que cette pitoyable chicane.

La signification de ces deux mots *argent*, *tra-vail* est bien différente ; cependant ces deux mots comme tant d'autres, peuvent se prêter à diverses acceptions, et donner lieu à des équivoques ; mais équivoquer sur des mots, parce qu'ils sont sus-ceptibles d'applications diverses, c'est vouloir faire de l'esprit à tort et travers et en dépit du bon sens.

C'est par le travail qu'on parvient à obtenir l'argent et les richesses ; on ne peut donc pas dire que le travail est plus que les richesses.

Il est certain que l'argent donne le sceptre du commerce, que par conséquent il crée les ri-chesses et est l'ame du monde commerçant.

Voyons donc dans le dictionnaire de la langue française les significations de chacun de ces mots isolément.

Argent, *divitiæ*, signifie bien, richesses.

Richesses, signifie abondance de biens.

Travail, signifie peine, fatigue, action.

L'un de ces derniers mots pourrait-il donc être substitué à celui argent ? Pourrait-on sensément dire que la peine, la fatigue, l'action sont plus que les richesses comme le veut l'auteur ?

Il n'y a pas un seul commerçant ; du petit au

grand, qui ne reconnaisse par expérience que c'est l'argent qui crée les richesses, puisque c'est lui qui en est le moteur, et qui produit en réalité l'agrandissement des opérations lucratives du commerce.

Il est absurde de prétendre que M. Ferriere, par son raisonnement, exclut le travail du monde commerçant, et qu'en disant que l'argent est le créateur des richesses, il ait voulu dire que l'argent est la seule richesse réelle, comme se permet de l'interpréter insidieusement l'auteur.

Pour exercer son érudition pointilleuse, je lui dirai, qu'un autre écrivain prétend, que la plus éclatante richesse, c'est le repos.

Ce système, qui paraît être diamétralement opposé à celui de l'auteur, peut lui fournir le moyen d'enfanter un nouveau volume dont la bonne logique pourrait bien s'appeller aussi la foi du charbonnier.

Après avoir parlé dans la première partie, à diverses reprises, des cordonniers, savetiers et de souliers, il y revient encore, dans cette seconde partie, sans motifs; mais il en parle avec une affectation très-marquée. Il semblerait qu'il a une prédilection toute particulière pour cette profession, et qu'il tient en quelque chose à la manique.

» Il importe, dit-il, fort peu à l'état, si tel ou
tel est reçu maître cordonnier ou non ; mais
» il lui importe qu'il fasse de bons souliers, qu'il
» en fasse beaucoup ; il lui importe que tous les
» cordonniers fassent également de bons souliers.
» Nous ne croyons pas qu'il soit nécessaire pour
» cela qu'il y ait dans chaque ville, dans chaque
» canton, une communauté de cordonniers, ou
» plutôt une demi-douzaine de syndics, pour
» surveiller les cordonniers, et pour empêcher
» ceux qui n'ont pas la maîtrise, de faire de bons
» souliers. Nous ne voyons dans ces surveillans
» que des personnages inutiles, qui employeraient
» mieux leur tems à faire des souliers qu'à em-
» pêcher que les autres en fassent. Il y aura un
» plus grand nombre de personnes bien chaus-
» sées, et tout le monde sera content. «

Je ne dirai pas de ce beau langage, que la
caque sent le hareng ; je me bornerai à en répéter les derniers mots en disant, que des personnages inutiles employeraient mieux leur tems à
faire des souliers, qu'à empêcher que les autres
fassent observer les vrais principes de leur profession.

Il assure que l'exposition du Louvre a été plus
utile à nos manufactures, que ne le seront jamais
tous les réglemens possibles.

A-t'il consulté les manufacturiers à ce sujet ? je n'en crois rien. A-t'il pesé dans la balance de la saine raison et de l'expérience cette prétendue utilité ? non sans doute.

Mais n'y aurait-il pas moyen de lui faire comprendre que chaque chose peut avoir son utilité, et que l'exposition et les réglemens n'ont aucune similitude ?

Pour lui donner une légère idée de la différence de l'exposition à des réglemens, je lui dirai que ceux-ci sont encore plus nécessaires au jugement de ces expositions, que tous les rapports d'experts qui auraient du précéder l'examen du chef de l'état, pour qu'il ne fût pas abusé par la naturalisation frauduleuse d'objets fabriqués chez l'étranger.

On sait dans le commerce qu'il peut arriver que ce soient les plus ignorans qui aillent briguer les médailles et qui en obtiennent.

Les hommes expérimentés savent très-bien aussi que cette exposition n'a pas procuré aux manufacturiers un plus grand débit, et que cela ne leur a pas fait vendre leurs marchandises un sou de plus qu'ils ne les vendaient avant.

Ils savent encore que l'effet de ces expositions ne peut pas répondre à l'attente du gouvernement.

Il ne faut pas l'abuser, le véritable esprit du commerce ne s'alimente pas du reflet de ces formes reluisantes.

Il est de bons réglemens à faire dont la connaissance n'appartient pas à l'auteur, qui déja pourraient garantir les manufacturiers, ainsi que leurs débitans, des méprises des employés des douanes, qui confondent journellement leurs productions avec celles de l'étranger dans les saisies qu'ils se permettent de faire, non-seulement à toutes les distances des lignes de démarcation gardées aux frontières, mais même jusque dans le le domicile des habitans de la capitale.

S'il était commerçant, il vanterait moins la connaissance des localités que celle des désordres résultans de la trop grande puissance des agens du fisc, dont l'indépendance des vrais principes, ainsi que des tribunaux vraiment compétens, les rend tout à la fois juges et parties, mais malheureusement pour le commerce, parties trop intéressées.

Il est des faits d'un intérêt public très-majeur, sur lesquels je ne puis m'étendre ici, que les chambres de commerce devraient bien prendre en considération, surtout celle de Paris.

Si ses membres ne peuvent véritablement s'occu-

per que de leurs propres affaires, comme l'insinue
l'auteur, ils devraient au moins présenter les questions importantes à examiner au conseil du commerce, pour que les députés qui le composent,
s'en occupent de manière à les traiter à fond et
à opérer des réformes salutaires.

Les connaissances de l'auteur se réduisent à ce
qu'il a lu; mais malheureusement pour lui, le
passé, le présent, l'avenir et tout ce qui se pratique dans le commerce, ne sont pas écrits.

Il n'a devant les yeux que ces règlemens absurdes, émanés de l'ignorance des ci-devant inten-
dans du commerce, de leurs adjoints et subordon-
nés, et il ne paraît avoir la plus légère notion de
ce qu'il importe de faire pour le bien général du
commerce et des manufactures.

S'il fait des livres de ce qu'il croit savoir, on
peut lui dire hardiment qu'il y en a beaucoup à
faire et de très-bons de ce qu'il ne sait pas.

Pour montrer combien il se plaît à croire que
l'esprit marchand est borné, il est bon de retracer son langage à cet égard. Voici comment il
en parle.

» Demandez au marchand qui vous avoisine,
» quels sont les moyens de faire fructifier le com-

» merce ? il ne manquera pas de vous répondre
« que le commerce est perdu tant qu'il y aura
» tant de marchands ; et pour peu que vous
» poussiez l'argument, il avouera que s'il était
» le seul marchand du quartier, son commerce
» irait mieux.

Pour faire encore mieux rire aux dépens de
l'excès de bétise qu'il suppose au marchand, il
ajoute : « Cet homme a grandement raison, on
» ne peut s'empêcher d'admirer la justesse de
» ses expressions ; car il ne voit pas plus loin
» que sa boutique. «

Qui pourrait donc aussi s'empêcher d'admirer
ici le génie de l'auteur dans les développemens
orgueilleux qu'il sait donner à son système par
cette appréciation de la justesse des réflexions du
marchand à qui il ne permet pas de voir plus
loin que sa boutique ?

Quelle finesse d'esprit on apperçoit de toutes
parts dans cet auteur ! y a-t'il donc un seul des
commerçans composant ensemble toutes les chambres de commerce capables de démontrer aussi
ingénieusement la capacité du marchand, et d'illustrer ainsi cette profession ?

L'on pourrait croire que ce plat de son métier
dont l'auteur régale si généreusement les mar-

chands , serait bien suffisant ; mais point du tout ;
il leur en donne encore un autre à peu près aussi
bien assaisonné dans la quatrième partie de son
volume , en faisant parler un charron.

Je vais , par anticipation sur la marche à suivre,
faire voir tout de suite comment il sait rappro-
cher l'esprit de ces deux professions.

» Les marchands assurent que si on ne réduit
» pas le nombre trop considérable des marchands,
» le commerce est perdu ; les ouvriers un peu
» aisés ne respirent que pour le rétablissement
» des maîtrises.

» Un charron vantait beaucoup les avantages
» du rétablissement des jurandes ; on lui fit ob-
» server qu'il faudrait payer la maîtrise comme
» autrefois ; cela est vrai , répondit le charron, il
» faudra payer cette maîtrise ; mais cela ne fait
» rien : je puis acheter ce droit sans me gêner,
» et je connais deux ou trois charrons dans mon
» quartier , qui n'auront pas les moyens de payer
» cette maîtrise ; il faudra qu'ils quittent, alors
» j'aurai plus d'ouvrage. Mais si vous aviez été
» obligé d'acheter une maîtrise lorsque vous
» avez commencé votre établissement, et que
» vous ne l'eussiez pu , auriez-vous trouvé les
» jurandes si utiles ? le charron ne sut que ré-
» pondre. «

Ainsi voilà donc un charron mis, par de savans argumens, hors d'état de répondre.

Réduire un charron *à quia* ! Qu'elle est brillante, cette victoire pour l'auteur du système contre les jurandes ! Qu'il est grand et admirable ce moyen de faire briller son esprit aux dépens d'un charron ! Qu'il est encore plus admirable le courage de dévoiler la stupidité des marchands, qui ne voient pas plus loin que leurs boutiques, et de faire l'hommage de cette découverte à une corporation de commerçans composant la chambre de commerce de la capitale de la France qui leur sont étroitement unis.

Cependant ces ineptes marchands ont de tous tems occupé les places de juges aux juridictions consulaires, ils siègent encore aujourd'hui au tribunal de commerce, et n'en déplaise à l'auteur, ils sont aussi dans le cas d'occuper les places de membres des chambres de commerce (1).

____

(1) M. Boucheron, qui est dans ce moment l'un des juges, est un ancien marchand mercier-drapier, en détail. Je l'ai vu succéder à la boutique de M. Mariquet, rue Saint-Denis, il y a plus de quarante ans. Précédemment, était juge M. Gueroult, marchand en détail de toile, coutil, laine, plumes, etc. rue du Four Saint-Germain, et une infinité d'autres ; mais de tous tems la majeure partie des juges a été composée de marchands en détail.

« La troisième partie a pour titre :

Des corporations considérées comme moyen d'emprunt et comme moyen d'impôts annuels.

L'auteur débute par annoncer qu'il a combattu le système des corporations sans recourir à des comparaisons et des exemples étrangers pour en démontrer les inconvéniens ; et il prétend que pour les dévoiler dans toute leur nudité, il ne faut d'autre moyen qu'un sens droit.

On est en état maintenant de juger si l'auteur est en possession de ce moyen. Qui donc prendroit le désordre et la confusion de ses idées pour un sens droit ?

Avant d'arborer la question qu'il a posée, il retourne toujours à ses moutons. « Les corporations « ne sont admissibles sous aucune forme. »

Pour prévenir même toute tentative de les rétablir, il prétend « qu'en réunissant sous diffé-
» rentes bannières toutes les classes industrielles,
» et en établissant une démarcation plus exacte
» de chaque profession, en y laissant l'entrée libre
» à tous les prétendans, et bornant leur action à
» une simple surveillance fraternelle, elles ne
» pourroient faire beaucoup de mal ; mais qu'alors
» le bien qu'elles produiroient se réduiroit à très-
peu

» peu de chose, et même qu'elles seroient vérita-
» blement des institutions oiseuses. »

De plus, il admet que les abus savent se glisser
par-tout, et qu'ils arriveront graduellement au point
où on les a vus.

Ainsi donc il prétend que nulle autorité, nulle
puissance ne peut perfectionner cette institution,
et il ne veut entendre parler en aucune manière du
rétablissement de ces corporations sous aucune
forme quelconque.

Après avoir tracé avec autant de ménagement les
vues de Colbert à cet égard, qu'il se complaît à
avilir les corporations, il rapporte un passage du
testament politique de ce ministre, par lequel il
engage le roi à supprimer les réglemens relatifs aux
apprentissages des marchands.

Quoique cela ne présente que la réforme d'un
abus, et rien en faveur du système de l'auteur, il
en tire néanmoins l'induction que Colbert recon-
naissait le danger des corporations.

Il est donc évident que plus il cherche des
moyens d'appui, et plus il affaiblit sa cause sans
s'en apercevoir.

Quant aux moyens d'emprunts et d'impôts annuels, il n'en veut admettre aucun, à titre de corporations sous telles formes que ce puisse être.

F

D'abord il dit spécieusement qu'en privant les commerçans et artisans d'un capital précieux et productif, on ôte d'une main laborieuse l'instrument le plus utile à son travail ; et, par ce raisonnement, il se rapproche, sans le vouloir, du système de M. Ferrière ; mais après avoir créé des difficultés infinies sur la nature de l'imposition qu'il présente, sous des formes de prêt et de cautionnement susceptibles d'intérêts, et sous d'autres formes également inadmissibles, même chimériques et ridicules, il va jusqu'à prétendre que ce qui s'est pratiqué est impraticable.

Il ne croit pas qu'on puisse rendre viager le droit d'exercer une profession, ni le rendre transmutable ; il y apperçoit de si nombreux inconvéniens, qu'il n'est pas même besoin, dit-il, de les faire remarquer.

Quinze pages plus loin, il dit que ce serait peut-être le cas de présenter un moyen de remplacer l'impôt des patentes, par une taxe mieux entendue et plus justement distribuée, mais que cette discussion l'écarterait trop de son sujet.

Mais pourquoi ne pas faire connaître ici ces nombreux inconvéniens si essentiels à juger ? Et aussi, pourquoi ne pas traiter la question principale qu'il a posée, sous le vain prétexte que cela l'écarterait de son sujet ?

N'est-ce donc pas là, au contraire, le véritable sujet qu'il a promis de traiter, par le titre même de cette troisième partie de son ouvrage ?

Il s'attache à combattre le système des cautionnemens, parce qu'il n'en peut pas être question pour les jurandes; il ne veut pas reconnaître de démarcation possible entre chaque espèce de profession, sous le vain prétexte que, dans la division, cela obligerait à autant de formes de contrats particuliers; ce qui est absurde : il refuse aux chefs des corps la science de la répartition de l'impôt, et la connaissance des moyens industriels, quoique cela soit tout-à-fait de leur ressort ; enfin il écrit environ trente pages pour créer des difficultés infinies , plus ridicules les unes que les autres , et il ne veut reconnaître absolument aucuns moyens d'opérer utilement.

La seule chose qu'il croit pratiquable et la meilleure, c'est un emprunt public ordinaire ; et il déclare que l'impôt des patentes, *tel qu'il est*, doit avoir la préférence sur-tout autre impôt annuel à percevoir par la voie des corporations.

Peut-on jamais rencontrer un conseiller plus perfide ?

Il est inutile de démontrer les difficultés qui s'opposent à un emprunt direct dans ce moment, lés observateurs éclairés les connaissent. Aussi l'auteur a-t-il recours à son subterfuge ordinaire, d'éluder la question qu'il agite, en disant subtilement : « Ce n'est point ici le lieu de développer » comment on peut faire usage de la ressource des » emprunts publics. »

C'est bien déclarer lui-même, qu'il reconnaît tout à fait impraticables les moyens qu'il propose.

A l'égard de l'impôt des patentes qu'il veut maintenir tel qu'il est, il n'en peut pas exister de plus défectueux dans la perception, la division et la répartition. Il y a une multitude de moyens de se soustraire à cet impôt, et aussi d'exercer le commerce avec des patentes inférieures à celles qu'on devrait payer.

La facilité des entrepôts dans les grandes communes pour ceux qui ont une résidence dans les petites, au moyen du payement du simple droit additionnel, présente encore de grands abus.

L'obligation de représenter sa patente devant les tribunaux est tout à fait illusoire, au moyen de la passation de l'ordre d'un effet de commerce à un officieux patenté. D'ailleurs, pour des contestations de commerce, n'employe-t'on pas sans cesse utilement dans les interventions le style *non sujet à patente pour le fait dont s'agit ?*

Ce ne sont-là que de faibles esquisses de la multitude d'abus qui rendent vain l'impôt des patentes relativement à son organisation vicieuse, et il est difficile de concevoir pourquoi l'auteur ose dire qu'il doit avoir la préférence *tel qu'il est*, sur tout autre impôt relatif.

En toutes conjonctures il fait un usage pernicieux de sa facilité d'écrire, et l'on voit partout qu'il n'a rien pensé de ce qu'il a écrit.

Le titre de la quatrième partie de cet ouvrage porte : *Des corporations considérées comme moyen de police ; des réglemens pour les manufactures, des moyens d'influence et de garantie pour l'industrie.*

Voilà une annonce pompeuse qui, dans la réalité, se réduit encore à très-peu de chose, pour ne pas dire à zéro.

Les moyens de police sont présentés sur des conjectures erronées et mal-fondées, sur des attributions d'une autorité injuste et sur un pouvoir inadmissible.

Les réglemens pour les manufactures sont toujours supposés devoir appartenir aux jurandes, et reposer sur de vieux préjugés les plus absurdes.

Les moyens d'influence et de garantie pour

l'industrie ne sont que des rêves fantastiques dépourvus de sens et de raison.

Le début traite de la police relativement aux faillites et banqueroutes, et annonce que les moyens de les prévenir ne sont pas dans les corporations.

Voilà une belle découverte. Qui donc a jamais pu prétendre que ces événemens fussent sous leur sauve-garde ?

Après avoir consacré cinq pages à la plus vaine discussion sur cet objet, il avoue qu'avec les meilleures intentions possibles, il n'entrevoit guère l'utilité des moyens de police des corporations. Cette police ne peut, selon lui, avoir d'autre objet que la surveillance de la qualité des produits et de la bonne conduite de ceux qui composent la communauté.

Ainsi, toujours sous les mêmes faux points de vue, il lui semble qu'elles doivent régenter, non-seulement le commerce et les métiers, mais encore les manufactures, et il pousse la déraison jusqu'à dire : *cette surveillance aura-t'elle lieu pendant la fabrication, ou se bornera-t'elle à l'inspection de l'étoffe fabriquée ?*

De telles questions sont des monstruosités aux yeux de la raison, qui ne peuvent avoir été puisées que dans les annales des Visigoths ou Ostrogoths.

Ne serait-on pas tenté de croire que l'auteur est possédé d'un démon qui le pousse aux erreurs les plus barbares ? croit-il donc qu'on puisse établir autant de syndics de communauté qu'il y a de fabriques et de manufactures dans chaque commune et hameau, et qu'il soit admissible qu'ils puissent être en permanence dans chaque attelier, petits ou grands, pour y exercer leur surveillance pendant la fabrication ?

Y a-t'il un seul marchand qui, ne voyant pas plus loin que sa boutique, ou même un seul charron, qui ne sautât aux nues en entendant de pareilles questions ?

Mais, encore une fois, quel rapport peut-il donc appercevoir dans l'institution des jurandes et maîtrises, avec l'indépendante administration des manufactures, qui doit appartenir exclusivement aux entrepreneurs ?

A l'égard de cette police des corporations, il la présente comme une influence dangereuse, et il imagine encore de nouveaux inconvéniens. Il ne lui suffisait pas d'avoir surchargé de ridicules et de vice les chefs des communautés, il en fait aussi des instrumens de révolte, il les présente sous ce point de vue comme des hommes dangereux.

« Ces protecteurs de la communauté, dit-il,

» deviendront des fantômes de discordes, aux-
» quels on ne pourra plus accoutumer les esprits,
» et qu'on sera obligé de briser pour réparer le
» mal qu'ils auront fait. Si nous voulions recher-
» cher dans l'histoire de la monarchie, des exem-
» ples où des corps ont été des moyens de sédition,
» il ne nous serait pas difficile d'en citer un grand
» nombre. Il est vrai que les syndics peuvent n'a-
» voir ni les moyens qui donnent une grande in-
» fluence, ni l'origine qui inspire le mécontente-
» ment ; mais alors que voulez-vous attendre de ces
» chefs débonnaires, qui seront de l'avis de tout le
» monde, pour ne mécontenter personne ? De
» quelle manière qu'on les emploie, on sera frappé
» de leur nullité; ils n'oseront faire le bien, dans
» la crainte de faire le mal : ce sera comme s'il
» n'y avait ni corporations, ni syndics. Il vaut
» donc autant en épargner les frais, que d'ériger
» des institutions, ou dangereuses, ou inutiles. »

Ainsi, on voit que continuellement l'auteur s'a-
lambique le cerveau de quelqu'obstacles nouveaux,
et aussi que ses amplifications outrées sur le mal,
ou la nullité du bien, rentrent toujours dans le
même dessein de ravaler les chefs des corporations.
Il s'obstine continuellement à faire dépendre les
manufactures de la police des jurandes; et il dit
encore à cet égard : « Vous croyez peut-être, Mes-

» sieurs, que nous faisons une supposition gratuite
» en vous parlant de réglemens pour les manu-
» factures ; cependant les corporations ne tarde-
» raient pas à les enfanter. »

Il déclare avoir connaissance d'un projet de ré-
glement des manufactures de Lyon, présenté il y
a quelques années au ministre de l'intérieur ; dans
lequel il prétend que rien n'y est omis, puisque le
prix de la main d'œuvre y est tarifé.

Ce tarif n'est certainement pas une preuve suffi-
sante que rien n'y soit omis ; mais pour en tirer un
grand parti contre tout ce qui peut tendre à des réglemens pour les manufactures, voici comment il
raisonne.

« On serait tenté de croire que, par *un sentiment*
» *de conviction, d'ailleurs bien naturel,* ceux qui
» ont présenté ce projet sont persuadés que l'in-
» dustrie a atteint tous les termes de son perfec-
» tionnement ; qu'elle ne peut que rétrograder, et
» qu'il est instant qu'on la fixe au point où nous la
» voyons. »

Comment peut-il oser faire déraisonner ainsi des
manufacturiers, et les faire renchérir sur l'excès de
bétise qu'il prête aux marchands et charrons ?
Cette tentation de croire à des folies a une telle
puissance sur lui, qu'il y succombe sans cesse. *Mais*

son sentiment de conviction, d'ailleurs bien naturel, imprime parfaitement le cachet de cet auteur.

"Toujours habitué à s'écarter des loix de la vraisemblance, ainsi que des principes de la saine raison, et même du simple bon sens, il renouvelle encore les fureurs de ses folles visions, et s'évertue en disant : *Il est défendu, sous peine d'amende, de faire des étoffes nouvelles ; il est défendu, sous les mêmes peines, de les faire mieux ni plus mal que nous : voilà, messieurs, l'esprit de tous les réglemens pour les manufactures.*

Cet esprit aurait, sans doute, une grande sublimité de folie ; mais il n'est heureusement que dans le cerveau creux de celui qui a l'impudeur de tracer par écrit de telles sottises.

Pour peindre au vrai ce cerveau creux, on peut dire que c'est un gouffre dangereux, qui tend à engloutir tout le bon esprit du commerce.

Il y a des folies dont on peut dédaigner les conséquences ; mais celles-ci sont d'une nature intolérable.

Quelques vérités noyées dans un déluge d'erreurs, font voir le dessein perfide de l'auteur, d'égarer les opinions, et de surprendre la crédulité de ceux qui veulent bien lui accorder leur confiance.

Toujours hors de sa sphère, il croit faire preuve d'une grande connaissance manufacturière en étalant des combinaisons frivoles et fantastiques de son invention, et qui ne peuvent jamais exister dans aucuns réglemens. Il dit : *On veut régler les dimensions d'une étoffe, le nombre des fils dont le tissu sera composé, de quelle manière elle doit être fabriquée, quels sont les mélanges de matière qu'il sera permis d'employer, peut-être aussi la couleur, le dessin, etc., etc.*

Enfin, il croit ainsi faire admirer en lui une science expérimentale, tandis qu'il ne fait qu'exciter la pitié des hommes expérimentés. Il est savant de ce qu'il a vu dans des livres, dans des mémoires, et il y recueille ce qu'il y a de plus absurde pour l'interpréter à sa manière, et encore, en voulant employer l'art du ridicule, il ne s'apperçoit pas qu'il prête à rire à ses dépens.

Cet homme a lu l'histoire ancienne et moderne ; il prétend savoir ce qu'était à Rome le collége des Artisans, ce qu'étaient les grands chambriers, les rois des merciers et des jurandes anciennes dans la monarchie française ; il connaît les procès des tailleurs contre les fripiers ; des cordonniers contre les savetiers, que, selon lui, trois siècles n'ont pu terminer ; les créations de plus de quarante mille offices, depuis 1691 jusqu'en 1709 ; les dépenses annuelles d'un million par les communautés de Paris en frais de procédure ; les procès-verbaux des états-généraux anciens ; les discours du roi à l'assemblée des notables à Rouen , il y a près de deux siècles ; un procès entre des sergers et des teinturiers , jugés au parlement de Rennes , il y a 145 ans ; les édits d'Henri III, de Louis XIV, de Louis XV ; les écrits de Savary , Forbonnais, Voltaire, Colbert , Turgot , Trudaine , Ferriere , Davenant , Jean de Wit , et malheureusement avec cette prodigieuse fécondité de connaissances , il paraît être dans la plus profonde ignorance sur les jurandes modernes.

— Il évite de parler de M. Nécker , parce que cet homme d'état foudroye et terrasse les hommes à système par l'éloquence la plus vraie , et l'auto‑rité imposante de la raison.

Il s'imagine faire croire à la chambre de com‑merce de Paris , que l'esprit systématique est la première des puissances , et que tous ceux qui n'ont que du bon sens , ou qui ne font pas métier d'écrire d'une manière quelconque , doivent ad‑mirer sa jactance aussi perfide que frivole , ainsi que ses hérésies commerciales , comme quelque chose de beau et de solide , et enfin comme si tout ce qui vient de lui était autant d'oracles.

Qu'il apprenne donc cet auteur , d'un écrivain

du premier ordre, » que les livres contiennent
» les préceptes, rarement ils apprennent à les
» appliquer, qu'on devient savant à force de lec-
» ture, qu'on ne devient habile qu'en s'exerçant
» à faire, et que tel possede à fond la théorie
» d'une science, qui serait fort embarrassé de la
» mettre en pratique.

Qu'il renonce donc enfin à la prétention de traiter des questions de commerce, et d'usurper une
réputation que des hommes qui lui sont infiniment supérieurs, n'ont pu obtenir dans cette
partie difficile à connaître sans les secours de la
pratique.

On peut même lui conseiller, pour son bonheur, de cesser d'étudier ce qu'il ne peut plus apprendre, et par conséquent de renoncer à donner
des leçons à une chambre de commerce, qui
doit être composée de commerçans sensés et
expérimentés.

Ce qui sert encore à dévoiler la faiblesse de
ses moyens, c'est qu'ils ne sont étayés que par
l'imposture, la critique et l'injure ; et qu'à la fin
il avoue qu'il ne faut pas laisser la liberté industrielle dans une indépendance absolue, mais qu'il
lui semble qu'il y a d'autres moyens de garantie
que celui des communautés.

» Il n'est pas en état d'en indiquer aucuns ; mais il pense avoir trouvé le moyen de sortir d'affaire en avouant à la fin , qu'il ne croit pas que ses idées soient les meilleures ; mais cependant qu'il lui semble qu'elles sont plus en harmonie avec le système de l'administration.

Cette prétendue harmonie consiste en ce qu'il fait entrer dans son système , que ce sont les expositions publiques qui forment les réputations et les honneurs.

Le parti qu'il cherche à tirer de ces exposi-tions publiques , par l'éloge qu'il fait de ce qu'il appelle , *Fête à l'industrie* , *Temple de l'industrie* , figurés au Champ de Mars , ensuite au Louvre , est de la plus grande futilité. Il fait véritable-ment de ce tableau de curiosité , une lanterne magique , où il prétend nous faire voir *que les médailles enflâment le zèle , réveillent l'émula-tion, agrandissent les progrès des arts , perfec-tionnent l'industrie , et que cela seul doit inspirer de grandes choses ; que c'est un rayon de soleil qui vivifie tout.* Et il ajoute : *pourquoi emprunter le secours d'une faible lumière , quand le jour nous éclaire ?*

Ces expositions formant une espèce de petites foires que l'auteur se figure être incomparables ;

l'emportent-elles donc sur les expositions des foires de Bordeaux, de Guibray, de Beaucaire, etc.? Celles-là ne produisent-elles donc pas en faveur de l'industrie et du commerce, des fêtes d'un tout autre prix? Mais l'auteur qui ne voit pas plus loin que le Louvre, veut absolument que *lui seul* agrandisse les progrès des arts et inspire de grandes choses. Quel est le commerçant qui raisonnerait ainsi?

Heureusement pour le commerce, toutes ses flagorneries ne le feront pas remonter en place, et n'inspireront rien au gouvernement de favorable à un prétendu code industriel qu'il a rêvé, et qui ne peut régner que dans son cerveau.

Il tire de ses expositions au Louvre, l'un des deux grands moyens qui doivent faire la base de ce code industriel de sa façon ; lequel régirait, dit-il, toutes les manufactures.

Le grand moyen qu'il fait dériver des exposi-tions, lui fournit le premier titre de son code : il l'appelle, *Moyens d'influence.*

L'autre il l'appelle, *Moyens de garantie.*

Les moyens d'influence, quoique délayés dans trois pages, se réduisent tout simplement aux seules expositions du Louvre. Quant aux moyens de garantie, il les présente avec beaucoup plus d'étendue ; mais ils ont encore moins de réalité. Voici le dévelopement qu'il leur donne.

« Ils consistent dans des règles qui déterminent
» les droits des manufacturiers, des ouvriers et des
» entrepreneurs de toute espèce de travail. Elles
» doivent déterminer : »

1°. *La nature et les effets du contrat d'apprentissage.*

Cela est établi depuis long-tems, et ces effets du contrat résultent tout simplement des clauses qui y sont stipulées.

2°. *Les obligations des ouvriers envers ceux qui les employent, celles des chefs d'atteliers envers les ouvriers.*

On peut encore appeler cela le *pont-aux-ânes*, les manufacturiers ainsi que les ouvriers en savent plus que l'auteur sur ce point.

3°. *Les moyens de prévenir les infidélités et les abus de confiance de la part des ouvriers.*

On dit proverbialement que la défiance est la mère de sûreté ; l'intérêt des entrepreneurs leur en dit plus que toutes les découvertes de l'auteur.

4°. *La répression des délits de la part des ouvriers et des entrepreneurs.*

La loi générale est faite pour les uns comme pour les autres.

5°.

5°. Les marques et indications que doivent por-
ter les étoffes pour garantir les dimensions an-
noncées.

Cette idée insignifiante a été puisée dans de
vieux réglemens que l'auteur a lui-même ridicu-
lisé, et rien n'est plus vain que cette prétendue garantie des dimensions, ce dernier mot n'est pas
même usité dans le commerce. En géométrie il sert
à indiquer les longueurs, largeurs et profondeurs.
Dans le commerce, la garantie des mesures est
de droit éternel et universel ; il n'y a pas de code à
faire à cet égard.

Que ne peut-il, cet auteur, aller faire son cours
de législation commerciale dans la boutique du
marchand qui l'avoisine ? il y apprendrait déjà ce
que c'est que *bien vendre et bien livrer.* Cet article
alors pourrait devenir le mieux exprimé de son
code. Avec le style et l'arithmétique mercantile,
il pourrait déjà dire : *argumentabor.*

6°. La garantie de la propriété des inventions
de toute espèce de dessins et de models nou-
veaux.

7°. Les moyens d'empêcher les contrefaçons.

Ces deux derniers articles relatifs à des étoffes
sont l'effet de l'ignorance la plus complète. L'auteur à pu les lire dans quelques sots mémoires ;

mais ils ne valent pas la peine qu'on y fasse la moindre observation.

Encore pour ajouter à cet excès d'ignorance, l'auteur dit ingénument : *Nous ne croyons pas qu'il existe de loi pour les contrefaçons de dessins et de modèles.*

Eh ! non sans doute, il n'en existe pas, et il n'en peut pas exister. Il est dans l'essence des manufactures de s'imiter, se copier et se contrefaire sans cesse. Que deviendrait donc le commerce sans cette concurrence ? Ne voit-on pas journellement que l'inventeur n'a fait qu'ébaucher ce qu'un autre après lui perfectionne ?

Cet apôtre de la liberté ne s'apperçoit pas que son code industriel enchaînerait l'industrie de la manière la plus barbare.

Il assimile les manufactures à la typographie et à la littérature ; et, je ne cesserai de le dire, n'ayant jamais vu le commerce et les arts utiles, qu'à travers le nuage de ses idées conjecturales, il n'est pas surprenant qu'il n'enfante que des chimères. Encore ses idées sont tellement abstraites et décousues, qu'il émet continuellement des opinions qu'il a combattues.

Tous ces futils projets d'influence, de garantie et de code industriel, suffiraient pour mettre le lecteur à portée d'apprécier le mérite de ce guide des arts et du commerce, dont l'imagination égarée ne cesse d'errer dans des espaces indéfinies.

Loin de concourir aux progrès de l'industrie et à l'avantage du commerce, il ne cesse, par ses moyens imaginaires de multiplier les obscurités, et même d'environner la lumière de ténèbres.

J'avoue que s'il n'eût pas présenté les bases de son prétendu code industriel, je n'aurais jamais pu deviner de quoi il pouvait le composer. Il était d'ailleurs impossible de présumer qu'il donnât le titre de code industriel à des fragmens informes de vieux réglemens, auxquels il ajouterait des inepties.

Dans l'enchantement de son savoir et de la révélation de tous ses secrets, il conclut, avec le ton de l'assurance et même de l'extase, en disant à la chambre de commerce : *Tels sont, Messieurs, les moyens simples et faciles qu'il est urgent de proposer, pour rendre à l'industrie tous les encouragemens dont elle a besoin, et la garantie qui lui est nécessaire.*

Il suffira que le gouvernement en reconnaisse l'utilité pour qu'il ordonne la préparation du code industriel, seul monument de législation qui reste encore à élever à la gloire immortelle de l'Empereur et à la reconnaissance de la postérité.

Ainsi, une chose purement idéale, une chimère, une fiction ; enfin un prétendu code industriel est présenté comme le seul monument de législation, qui reste à élever à la gloire immortelle de l'Empereur et à la reconnaissance de la postérité. Quel blasphême politique !

Il ne suffisait donc pas d'avoir entassé erreurs sur erreurs, ridicules sur ridicules ; il fallait encore du fabuleux ; il fallait de l'incroyable pour faire ressortir des conceptions délirantes, dont le désordre n'offre pas même unité de sujet, et qui, s'éloignant toujours de la nature des choses, choquent grossièrement le sens commun.

Le titre de la cinquième partie porte :

Examen du projet de statuts de MM. les marchands de vin de Paris.

Dans son début, l'auteur s'efforce encore de rendre spécieux tout ce qu'il a dit, il renouvelle qu'il a examiné les corporations comme moyen d'influence, comme moyen d'emprunt ou d'impôts annuels, comme moyen de police, et qu'enfin dans leur analogie avec le système réglémentaire, il a fait remarquer qu'elles n'avaient jamais été qu'un moyen d'exclusion, et l'excuse ou le prétexte de toute espèce de priviléges.

Voilà un résumé qui retrace assez bien les

idées systématiques et présomptueuses qui ont été précédemment exposées.

Le projet de statuts est divisé en cent articles : » Nous allons, dit-il, le parcourir dans les dé- » tails de ses dispositions les plus essentielles ; » nous l'examinerons ensuite dans son ensemble » et dans ses effets. «

Ainsi toujours il annonce des formes méthodiques aussi vaines qu'elles sont captieuses et abusives.

Son examen qui remplit quarante-huit pages, est trop long pour que j'entreprenne d'y faire toutes les observations dont il est susceptible.

L'auteur combat ce projet à peu près avec les mêmes armes dont il s'est servi contre les jurandes en général. Il dit que l'esprit de corps tend toujours à l'exclusif, et que le droit d'admettre n'est autre chose que celui d'exclure ; que les rivaux ne plaisent à personne ; que l'aspirant qui déplaira, aura un vice notable, etc.

Je conviens que ces statuts, que je ne connais que par ces dispositions les plus essentielles qu'en donne l'auteur, établissent une sorte de régence minutieuse, abusive et inutile sous beaucoup de rapports ; mais aussi l'auteur, qui abonde toujours trop dans son sens, prétend en tirer un trop grand avantage en faveur de son système ; il se permet encore d'exagérer les abus, et il en suppose même d'étrangers au projet qu'il discute.

Il y a des mesures de précaution envers les vendeurs de vin et cabaretiers, pour prévenir des mixtions, dont les rigueurs sont aussi inutiles que la plupart des contraventions sont difficiles à constater d'après tous les faux-fuyans qui les favorisent.

L'on apperçoit que les rigueurs sont de forme, et que l'excès des précautions contre le mélange de vins, ne peut être que dérisoire, et n'a été imaginé que pour donner une utilité apparente à la commission.

Tous ces projets paraissent être des ouvrages faits par des hommes qui font métier d'écrire.

Cette espèce de commerce dans l'intérieur de Paris, mériterait le plus souvent à ceux qui le font, le titre de cabaretier que celui de marchand de vin ; cependant l'auteur en parle avec une déférence autant affectée, qu'il a marqué de mépris pour ceux à qui véritablement appartient le titre de marchand.

Il ne dit pas simplement les marchands de vins ; ce sont toujours Messieurs les marchands de vins.

Mais on sait qu'un des membres de la chambre
de commerce a été membre du ci-devant corps
des marchands de vin. S'il eût vu aussi un des
vrais marchands en titre dans cette corporation
de la chambre de commerce, l'auteur aurait eu
sans doute pour eux les mêmes égards, et il se
serait abstenu de les faire raisonner comme des
charrons.

Pour faire voir comment il sait composer ses
adulations envers ce membre, qu'il paraît croire
être un des auteurs ou protecteurs de ce projet
de statuts, il n'est pas hors de propos de retracer
ici ses expressions flateuses.

» Nous n'avons pas l'honneur de connaître les
» auteurs de ce projet ; si nous en combattons
» les principes, si nous vous faisons remarquer
» les inconvéniens qu'il présente , et les vices que
» nous avons pu y trouver , on ne pourra pas
» nous accuser de vouloir déprimer un ouvrage
» qui mérite , sous beaucoup de rapports , de
» justes éloges. Messieurs les auteurs du projet
» de statuts n'avaient pas la mission d'en discu-
» ter les principes, de juger de leurs dangers , ou
» de leur utilité ; ils ont été chargés de rédiger
» des statuts sur le modèle de ceux qui exis aient
» autrefois, d'y ajouter toutes les dispositions

» nouvelles que les circonstances semblaient
» rendre nécessaires ; ils ont, à cet égard, rempli
» fidélement leur mandat ; c'est une justice que
» nous ne pouvons nous empêcher de leur
» rendre. «

Peut-il féliciter ainsi sur cet ouvrage les auteurs, après avoir précédemment dit que, pour justifier tous ses raisonnemens outrés contre les jurandes, il en va donner un exemple par le projet de statuts de Messieurs les marchands de vin?

Outre cela, vers la fin de cet ouvrage, il dit encore : « Nous ne voyons dans ces statuts que
» des moyens de persécution, des dépenses et des
» frais inutiles ; nous n'y voyons aucune garantie,
» ni pour le public, ni pour les marchands : ce
» n'est à notre sens qu'une suite de régles minu-
» tieuses, inexécutables et sans but. Ainsi loin de
» vous proposer de l'appuyer, nous croyons qu'il
» est du devoir de tout négociant, ami du com-
» merce et attaché au gouvernement, d'en faire
» reconnaître l'inutilité et les dangers, et d'écar-
» ter pour toujours des projets aussi peu dignes de
» son attention et de ses vues bienfaisantes pour le
» commerce.

Comment peut-il donc se permettre de dire que cet ouvrage mérite, sous beaucoup de rapports, de justes éloges ? Tout cela est inconciliable, et sert à prouver que l'auteur, toujours en contradiction avec lui-même, ne sait jamais dire franchement la vérité.

Ce qui est encore bien ridicule, c'est qu'il déclare que les auteurs de ce projet ne pouvaient pas en discuter les principes, juger de leur danger et de leur utilité.

Qu'entend-t-il donc par le travail de ces auteurs, n'en sont-ils donc pas les compositeurs ? Veut-il prétendre qu'ils aient été assujettis à faire un tel ouvrage dans des formes déterminées, comme s'il s'agissait de faire des souliers ? Enfin, tous ces beaux raisonnemens tendent à présenter les auteurs comme des esprits mercenaires, et tous les complimeus qu'il leur fait se réduisent, comme dit Boileau, à leur donner de l'encensoir au travers du visage.

Ce qu'il y a de meilleur dans ce projet, ce sont les trois millions à verser dans le trésor public sans intérêts, s'il est vrai qu'il y ait trois mille réceptions à faire.

Ce projet ne dit pas et ne peut pas dire que le prix de la maîtrise de mille francs, formant les trois millions, appartiendra à la communauté, parce que cela est impossible. Il n'était pas du tout nécessaire de s'expliquer à cet égard ; car tout le monde sait que la finance est le prix attaché à la faveur de l'appui et de la protection qu'accorde le gouvernement.

L'auteur ne peut pas croire non plus que cela puisse appartenir à la corporation, puisqu'il n'y a pas d'exemple que cela ait jamais eu lieu, et que rien ne porte à croire que cela puisse être.

D'ailleurs, pour que cela soit, il faudrait que le projet constituât une société commanditaire entre tous les agrégés, et que, comme actionnaires, ils participassent respectivement à l'intérêt de leurs mises et au bénéfice résultant des opérations lucratives dont la commission administrative serait chargée et comptable. Il n'en est pas question dans le projet ; il n'y a pas même la moindre apparence que les auteurs en ayent eu l'idée.

Néanmoins pour avoir un moyen de plus de ridiculiser le projet, l'auteur établit comme constant que ces trois millions doivent rester à la corporation, et les intérêts et bénéfices appartenir à six de ses membres composant la commission administrative. Ce raisonnement, aussi absurde que tant d'autres, lui fournit l'occasion de développer la magie de faux calculs qui portent encore l'empreinte de son défaut de jugement.

Il fait gagner annuellement à la commission

222,000 f. , et même il suppose que cela peut s'é-
lever à 256,000 f. , encore se trompe-t-il au préjudice de ses suppositions ; car, d'après les bases
qu'il établit , il en résulterait un bénéfice de
360,000 f.

Je ne puis me dispenser de faire la récapitula-
tion de ce compte. Voici comment il le raisonne.

« Comme sur les quatre mille marchands de
» vin, tant à Paris que dans la banlieue, il y en
» aurait au moins un quart qui serait réduit à
« abandonner leur profession ; nous n'évaluons
« qu'à trois mille le nombre des marchands que
» les statuts ne ruineraient pas ; la jurande seu-
» lement produit une somme de trois millions, ce
» qui assure un revenu au moins de   150,000 fr.

« Plus quatre visites d'obligation
» par an chez tous les marchands. .   18,000

  » Comme la jurande est main-
» mortable, nous réduirons les mor-
» talités des maîtres à quinze par an
» que la commission revendra.   15,000

» Les droits pour les caves en villes .   9,000

Les saisies et confiscations au pro-
fit de la commission.   15,000
                                        ____
                          Total. . . . .   222,000 fr.

» Sans y comprendre, dit-il, la fabrication du
» vinaigre, et pour peu qu'on veuille tirer quel-
» que parti du capital des jurandes et de tous les
» autres moyens de revenus, il ne sera pas diffi-
» cile d'arriver à 250,000 fr. ; *ce qui est certaine-*
» *ment très-beau* ».

De plus, il ajoute :

« On prive le commerce d'un capital considé-
» rable et très essentiel à sa prospérité, sans au-
» cune utilité et sans autre but que de garnir les
» coffres de la commission, etc. »

Ainsi voilà donc un résultat de 250,000 fr. de
bénéfice qu'il donne bien réellement à la commission, ce qui est admirable selon l'auteur, et les
rieurs ne pourraient s'empêcher de répéter avec
lui : *ce qui est certainement très-beau.*

Mais cela lui paraîtra encore bien plus beau sans
doute, lorsque je lui aurai découvert des omissions
et erreurs qui doivent embellir ce compte figuré
de profits.

D'abord il lui échappe un objet essentiel, ce
sont les mutations volontaires ou forcées par ces-
sation de commerce, faillites, ou autrement

D'après son système de main-mortabilité et de
destitution sans remboursement, et aussi d'après
les anciennes institutions, à chaque mutation, c'est
bien réellement une réception nouvelle à payer.

Ces mutations ne peuvent pas être évaluées à moins d'un centième annuellement, ce qui produit un nombre de trente, et par conséquent une somme de.............................. 30,000 fr.

Sans faire aucune opération de commerce, et seulement en tirant parti du capital, comme le prétend l'auteur, on peut et on doit employer les trois millions en acquisition des cinq pour cent consolidés, qui produiront au cours huit pour cent, par conséquent un revenu de 240,000 fr. au lieu de 150,000 fr.; différence.. 90,000

Bénéfice présumé sur les vinaigres, stipulé en faveur de la commission, évalué annuellement à trois pièces par marchand de vin, et réduit au plus bas à deux francs par pièces... 18,000

Donc supplément de bénéfice de. 138,000

Ainsi voilà de quoi embellir le compte de l'auteur par l'addition de cette somme de 138,000 fr., qui appartiennent bien réellement à son calcul; et en rapportant ici le montant du compte qu'il a établi, je dois poser la somme de............... 222,000

Total..... 360,000 fr.

Il résulte donc, d'après les suppositions de l'auteur, un bénéfice annuel de 360,000 fr., à partager entre les six membres de la commission, formant pour chacun un lot de 60,000 fr., *ce qui est certainement très-beau*; comme le dit fort élégamment l'auteur.

Eh bien, de tous ces bénéfices qu'il a supposé appartenir à la commission, il n'y a en réalité pour la communauté que les droits de visites de 18,000 fr, le tiers des saisies de 5,000 fr, (1), et le bénéfice sur les vinaigres de 18,000 fr. ; ce qui forme au total une somme de 41,000 fr. pour subvenir à tous les frais en général.

Il y a donc une petite réduction de 319,000 fr. à faire sur tous ces grands bénéfices calculés par l'auteur, et dont il a osé présenter les bases comme très-certaines et même irréfragables.

Toutes ces suppositions d'une imagination fantastique, soit dans les raisonnemens, soit dans les calculs, forment le plus bizarre travail, et on ne peut s'empêcher de dire qu'il est impossible d'employer plus misérablement son tems. Jamais aussi il n'y eut d'exemple plus propre à démon-

____

(1) De tous tems les deux autres tiers ont appartenu au fisc et aux hôpitaux.

trer que la rectitude de l'esprit dépend de la justesse des principes.

A la fin de cet ouvrage, l'auteur a l'air de se
battre les flancs pour parvenir à détruire l'impression qu'a pu faire son fanatisme turgotin, ainsi
que les invraisemblances de ses raisonnemens sis-
tématiques. Rien ne doit paraître plus magique
que le style artificieux, emphatique et gigantes-
que qu'il emploie pour donner de l'importance à
toutes ses bigarrures, et leur prêter les couleurs de
la vérité.

« Si nous nous sommes élevés, dit-il, contre
» ces institutions, ne croyez pas, messieurs, que
» ce soit par un esprit de système; c'est par une
» conviction intime qui a été le résultat de nos
» méditations et de l'examen le plus impartial de
» ce que les corporations ont été et de ce qu'elles
» pourraient devenir, si on consentait jamais à
» leur résurrection : *nous nous sommes défendus*
» *de toutes préventions, et nous osons croire,*
» *qu'on ne pourra nous en accuser en lisant cet*
» *ouvrage.*

« Nous vous avons proposé les moyens *d'en-*
» *couragement* et de *garantie* qui peuvent assu-
» rer les progrès de l'industrie française, et effa-
» cer à jamais le souvenir des corporations, nous

» les avons crus dignes de l'attention d'un souve-
» rain dont la pensée ne peut s'arrêter que sur ce
» qui est grand et utile.

» Si vous croyez devoir soumettre au gouver-
» nement les propositions que nous vous avons
» faites, vous aurez acquis un titre de plus à son
» affection et à la reconnaissance du commerce «.

Voilà pourtant comme certains écrivains trom-
pent la pauvre espèce humaine et se jouent de sa
crédulité.

Peut-on donc jamais dire moins avec de si grands
mots ? Cet auteur, qui, à lui seul, forme le cercle de toutes les erreurs, croit-il donc que la France
soit de nouveau condamnée au joug de telles chimères et de toutes les hérésies commerciales ?

N'est-ce pas faire injure à notre nouveau gouvernement que de lui supposer l'incapacité la plus
absolue sur le calcul de ses vrais intérêts unis à
ceux du commerce , et de lui croire la faiblesse
de prêter l'oreille à un idiôme barbare ?

Quoique je n'aie eu d'autre intention, en en-
treprenant ces observations que de détromper les
lecteurs sur des raisonnemens fallacieux, erronés
et captieux; néanmoins je déclare, avec toute la
loyauté d'un citoyen attaché à sa patrie, que le
régime des patentes ne doit pas être maintenu tel

qu'il

qu'il existe, qu'il lui faut absolument une organisation forte, qui, en établissant une sorte de régularité et de discipline dans une nouvelle division exacte de chaque classe de profession, fasse disparaître des abus et des inconvéniens qui leur sont préjudiciables, ainsi qu'au gouvernement.

Je déclare encore que, malgré le peu d'aisance qui règne maintenant parmi les classes laborieuses et industrielles, il est un moyen par lequel elles peuvent opérer facilement un amortissement d'environ 10 millions de rente des 5 pour 100 consolidés en faveur du gouvernement, toutefois que celui-ci ferait compensation d'un certain objet en leur faveur, qui, en opérant une sorte de parité, accroîtrait tout à la fois les revenus du fisc et la fortune publique.

Cette opération financière qui tient au plan vaste en faveur du commerce, dont je m'occupe avec autant de zèle que de désintéressement, réduirait infailliblement le cours de l'intérêt des fonds publics, au moins de 2 pour 100 ; alors l'influence salutaire qui en résulterait sur l'intérêt des capitaux en général, ferait éprouver déjà un grand bienfait au commerce, nonobstant les autres avantages résultans de ce plan, dont l'effet doit opérer sa restauration.

H

Dans ce cas, l'impôt des patentes serait, je puis le dire avec assurance, le seul auquel on pourrait, sans ridicule, adapter l'épithète de *bienfaisant*. Ce n'est point un de ces projets enfantés par des charlatans qui font métier d'écrire, et dont le gouvernement est continuellement obsédé.

Ce travail, entrepris vers le terme de ma carrière, est le commencement du dévouement de mes moyens au gouvernement ; et quoique ces moyens, suggérés par une grande pratique, soient aussi simples qu'ils sont frappans, il n'est pas étonnant qu'ils ne soient encore venus à aucun homme d'état. D'ailleurs, les hommes qui savent beaucoup, en savent toujours trop peu pour ce qui n'est pas de leur métier.

Voici la première fois, je le répète, que je donne de la publicité à mes opinions politiques ; et, loin de toutes prétentions personnelles, je fais des vœux pour que des hommes de bon sens et expérimentés se donnent la peine de découvrir au gouvernement des vérités utiles ; j'ose croire que, malgré toutes préventions, ces vérités doivent triompher tôt ou tard.

Si l'auteur du rapport avait appris à penser avant d'entreprendre d'écrire, il n'aurait pas donné l'exemple que l'art d'écrire n'est que trop souvent l'art de tromper. Aucun ouvrage ne peut mieux que ce rapport démontrer que ce qui contribue à rendre les esprits faux, ce sont les partis, les systêmes, et aussi que le fanatisme politique qui en résulte est le plus grand fléau de la société, parce qu'il est vraiment l'ennemi du bien public.

Pour faire connaître ce que c'est que l'esprit de système, si dangereux à la société, je vais en présenter le tableau, tracé par la main d'un grand maître.

« L'esprit de système, dit M. Necker, est sans » doute un moyen d'alléger sa pensée et d'abré- » ger ses occupations ; car en ramenant presque » tout à quelqu'idée générale, il se dispense d'é- » tudier, de comparer et de distinguer les nuances » et les exceptions.

» L'on confond quelquefois l'esprit de système » avec le génie, parce que l'un et l'autre rappel- » lent les idées d'étendue et de nouveauté; mais » leur marche est bien différente. Le génie, en » devançant les lumières de son siècle, augmente » réellement la masse des connaissances utiles; et » l'esprit de système, en exagérant leur applica- » tion, dénature au lieu de créer. Le génie est » cette faculté qui aide à rassembler une grande » diversité d'objets, et à saisir la chaîne qui les

» lie : l'esprit de système en généralise un petit
» nombre, et c'est par la domination d'un ou deux
» principes , qu'il unit forcément toutes les parties.
» Le génie respecte les opinions communes, en les
» considérant comme le résultat d'une longue
» suite d'observations ; et il honore le bon sens
» comme le gardien fidèle de ces mêmes opinions :
» l'esprit de système, au contraire, apperçoit par-
» tout des erreurs, parce que son attention , di-
» rigée toujours sur la même ligne, ne voit jamais
» qu'une dimension, et il méprise le bon sens qui
» tient aux maximes vulgaires, sans pouvoir sou-
» vent les défendre. Le bon sens est resserré dans
» les limites que la tradition des lumières a dé-
» terminées ; le génie les étend par de nouvelles
» conquêtes, et l'esprit de système se fait un em-
» pire idéal par de simples abstractions. Le bon
» sens voit les objets tels qu'ils sont ; le génie en
» découvre d'inconnus jusqu'à lui : l'esprit de sys-
» tème juge mal de tout, parce que son compas,
» trop ouvert, ne peut plus saisir la juste mesure
» des choses. C'est l'expérience qui forme le bon
» sens ; c'est la nature qui donne le génie ; et c'est
» l'imagination , encouragée par l'amour-propre,
» qui fait naître l'esprit de système. Le tems seul
» cependant assure au génie des hommages et des
» partisans ; parce que le tems seul habitue les

» hommes à la conception des vérités dont les rap-
» ports sont multipliés : l'esprit de systême , au
» contraire, s'entoure à l'instant de sectateurs ,
» parce qu'il diminue le travail de l'entendement ,
» en rapportant à ses idées vagues tout ce qui
» exige de la précision ; et parce qu'il a des mots
» de ralliement qui, au milieu même de la plus
» grande obscurité , permettent à ses disciples de
» se reconnaître aisément : aussi, tandis que le
» vocabulaire le plus sec et le plus abrégé suffit
» quelquefois à l'esprit de systême ; le génie a be-
» soin d'animer en tout sens le langage et de s'y
» imprimer lui-même, en quelque manière , s'il
» veut parvenir à peindre la vigueur et la multipli-
» cité de ses perceptions. »

Par ces traits du grand art de penser , on voit
que l'esprit de systême dit toujours faux, tandis
que le bon sens dit toujours vrai ; et on ne peut
douter que celui-ci ne soit l'unique source du bonheur pour tous les êtres qui pensent. D'après cela,
je suis dispensé d'étendre davantage mes ré-
fléxions sur les dangereux effets de l'esprit de systême.

Selon l'examen et l'exposé que j'ai fait, le plus
succinctement possible , du rapport sur les jurandes
et maîtrises, l'on est en état de juger des invrai-

semblances et inconvenances des raisonnemens qu'il contient.

Cet ouvrage ne montre en politique que des vues superficielles, des combinaisons frivoles, des projets inutiles et impraticables, enfin des idées d'une imagination qui s'égare souvent dans de vaines abstractions, et dont l'auteur ne peut jamais sortir.

On ne doit voir, dans mes observations, aucun vestige d'humeur et de partialité; mon plus grand tort envers l'auteur, serait de croire que tout homme quelconque a le droit de blâmer la conduite de ceux qui trahissent l'intérêt social, en insultant au bon sens, à la vérité et à la raison.

Je suis très-fondé à croire que ce rapport est de la même plume qu'un autre ouvrage, qui a été imprimé en l'année 1788, lequel est relatif à un mémoire publié par la chambre du commerce de Normandie, et aux réclamations des manufactures contre le traité de commerce de l'année 1786, entre la France et l'Angleterre.

Cet ouvrage se compose d'une lettre, signée D. P. (1), à cette chambre du commerce de Nor-

______

(1) Dupont, alors inspecteur des manufactures. C'est le même qui, nouvellement, a ajouté à son nom (de Nemours.)

mandie, en 90 pages, pour justifier ce funeste traité de commerce ; le surplus, de près de 200 pages, n'est qu'un remplissage pour grossir le volume et en faciliter la vente.

Il y a lieu de croire qu'il en a été de même à l'égard du très-long rapport sur les jurandes qui, sans doute, aura été vendu aussi au profit de l'auteur. Il est difficile d'illustrer la profession d'écrivain, quand on se fait ainsi un métier d'écrire.

Dans cette lettre à la chambre du commerce de Normandie, on y aperçoit, comme dans le rapport, un homme qui, se croyant fort de ce qu'il sait en théorie, se persuade, qu'avec des airs tranchans, il peut décider en maître, sans entendre même les questions qu'il traite, et qu'il lui est permis d'être plus sophistique que de bonne foi. Il a la prétention d'être philosophe, politique, commerçant, manufacturier, banquier, financier, juriste, administrateur, enfin un grand-homme d'état ; et toute cette science prodigieuse que renferment ces grands titres, doit être réduite, tout simplement, à celle d'économiste.

Pour croire à cette grande étendue de connaissances affichée avec ostentation au haut de chaque page de cet ouvrage, il faudrait s'en tenir à l'intitulé de chacune de ces pages, et ne voir que par les yeux de la foi, sans lire ce qui est au-dessous.

Pour en donner une idée, j'ouvre au hasard ce volume, et je tombe aux pages 78-79, j'y lis :

De l'opinion publique. Comparaison des récoltes des deux nations. Ensuite :

Pages 80-81, espèce de commerce la plus solide. Nécessité de l'échange des lumières.

Pages 82-83, La prohibition entretient l'ignorance. Avantages de la liberté.

Pages 84-85, Dangers des réglemens. Niveau à établir entre les lumières.

Pages 86-87, Effets du niveau des lumières. Conditions pour juger ce traité.

Ç'en est déja trop de ces dix pages pour juger combien ce sophiste a l'art de dénaturer et les mots et les choses.

On y reconnaît que tous ces énoncés portent à faux, en lisant toutes les vaines déclamations et les raisonnemens qui sont au-dessous. C'est pour en présenter une idée, que je vais copier seulement la première phrase de ces dix pages, sur laquelle je suis tombé sans le vouloir.

D'abord, je dois observer que cette lettre a pour objet de démontrer de prétendus avantages pour la France dans le traité de commerce ; et de repousser les réclamations de ses manufactures contre ce funeste traité.

Rien ne serait plus curieux à connaître, que le développement de toutes les fausses démonstrations qui y sont décrites en faveur de ce traité; mais je me bornerai à celle-ci, qui a été faite à dessein de prouver l'avantage de la vente de nos vins à l'Angleterre, par comparaison avec l'intérêt que peuvent inspirer nos manufactures.

Voici ce que dit cette première phrase de la page 78, intitulée : *De l'opinion publique.*

» La seule culture des vignes fait subsister
» dans le Royaume environ quatre millions d'in-
» dividus ; y a-t'il une manufacture comparable? «

Je le demande maintenant à tous lecteurs quelconques ; fut-il jamais possible de faire une démonstration plus fausse et même plus insensée? Cela n'est-il pas aussi absurde que s'il eût mis en comparaison la force d'une armée entière avec celle d'un seul individu ?

Que ne peut-on donc pas conclure de cette brillante démonstration du plus grand partisan des Trudaine, des Turgot et autres économistes ? N'est-ce pas le cas de s'écrier comme Boileau ?

» O le bel argument digne de leur école ! «

Il n'y a véritablement qu'à l'école des économistes qu'on puisse apprendre à jetter de la poudre
aux yeux avec de tels argumens, et aussi avec
des titres aussi scientifiquement ~~vrais~~ que ceux
qui disent :

Nécessité de l'échange des lumières.

Niveau à établir entre les lumières.

Effets du niveau des lumières.

C'est pourtant, comme on le voit dans les expressions de M. Necker, avec ces idées vagues et
ces mots de ralliement auxquels les disciples de
leurs écoles se reconnaissent aisément, qu'au milieu même de la plus grande obscurité, ces messieurs trouvent des règles d'administrations commerciales inintelligibles aux commerçans, ainsi
qu'à tous les hommes de bon sens, et que par
l'empire idéal de leurs simples abstractions, ils dénaturent au lieu de créer.

En m'abstenant de retracer cette multitude d'erreurs et d'hérésies commerciales, dont fourmille ce
volume, je ne puis cependant me dispenser de
réitérer ce que j'ai déjà observé sur le rapport, que
son auteur est véritablement le plus grand admi-
rateur de MM. Trudaine et Turgot.

Ce qui prouve qu'ils sont ses héros, c'est que
non seulement il en parle souvent avec enthou-

siasme et accole leurs noms pour les lumières et le génie qu'il leur prête dans l'administration, mais encore qu'il vante sans cesse, et d'un bout à l'autre de ce volume, M. Trudaine. Il va jusqu'à vouloir faire croire que la perte de cet homme est irréparable.

On n'en sera pas étonné lorsqu'on saura qu'il encense à outrance tous les ministres de son tems, excepté M. Necker, et sur tout qu'il ose appeler l'archevêque de Sens, *ministre plein de lumières*, et M. de Fourqueux, *ministre éclairé*.

Ces deux hommes, qui étaient de la plus grande incapacité, n'ont jamais rien fait qui pût leur mériter le titre d'homme d'état et de ministre.

Ce dernier ne l'a été un instant que par l'insigne trahison du déprédateur de Calonne, qui, en se voyant exclu, a perfidement fait insinuer au roi, par ses puissans intrigans à la cour, que ce M. de Fourqueux était l'homme le plus capable de le remplacer.

Aussi n'a-t-il tenu que quelques jours la place de ministre des finances. La plupart des hommes marquans à l'assemblée des notables, l'ont accusé hautement d'ineptie et même de ne savoir pas lire.

Il est aisé de voir que l'écrivain de ce volume distribuait ses éloges au gré de ses intérêts, et pour obtenir dans son emploi des faveurs et de l'avancement.

L'arme du ridicule employé dans le rapport contre les partisans des jurandes, serait bien mieux employée ici, en disant qu'à de tels éloges on pourrait mettre à la marge : » *Demande d'une* » *place*, etc. ».

Aussi sait-on que cet écrivain, à force de brocher des mémoires, d'encenser les ministres, et de faire l'homme important, était parvenu, à cette époque de l'ancien gouvernement, à se faire donner le titre de conseiller d'état.

Qu'on ne soit donc plus étonné de la chûte de ce gouvernement.

Combien de choses j'aurais à dire sur tout ce qui est relatif à ce volume, si cela ne prolongeait pas trop cet écrit.

Enfin, cet écrivain se prêtait à louer jusqu'aux fermiers généraux ; il les qualifie de financiers les moins exigeans, les plus polis et les plus désintéressés de l'Europe. Il porte la souplesse de ses adulations, jusqu'à attribuer à leurs simples employés les désordres résultans des cupides spéculations de ces financiers, sur le produit des saisies au préjudice du maintien des prohibitions de marchandises étrangères ; sur lesquelles il n'y avait rien à percevoir. Mais qui ne verrait pas que de telles louanges ne pouvaient se prodiguer qu'en leur tendant la main ?

A la suite de cette lettre, dans laquelle est étalée une théorie brillante, soutenue de notions routinières, aussi superficielles qu'insuffisantes, est un sixième mémoire, choisi parmi une multitude qui avaient été faits dans les années précédentes pour les ministres d'état ; lequel mémoire est préludé d'un avertissement intitulé : *Note première.*

Il est dit, dans cette note, qu'on avait songé à faire imprimer à la suite de cette lettre une collection de mémoires faits avant, pendant et depuis la négociation du traité de commerce, mais que cette collection *volumineuse* aurait trop retardé la publication de cet écrit. Hélas ! c'en était déjà trop de ce sixième mémoire, qui ne sert qu'à faire voir que les ministres pour qui cet écrivain ne cessait d'en fabriquer, avaient encore assez de bon sens pour ne pas toujours l'écouter. Il leur dit :
« Nous voyons ce qu'ont fait nos réglemens, nos
» tatonnemens, nos petits arrangemens fiscaux,
» nos institutions exclusives et la mesquinerie de
» nos encouragemens.

» Notre conseil, qui ne saurait être ni manu-
» facturier, ni véritablement éclairé sur la pratique

» des manufactures, et qui s'opiniâtre à leur pres-
» crire des loix, ne peut que les donner impar-
» faites et tardives. »

C'est le cas de dire qu'au pays des aveugles les
borgnes sont rois.

Ce grand partisan du traité et de la liberté indéfinie du commerce, s'écrie : « Quand nos manu-
» factures ont-elles dépéri ! C'est quand notre gou-
» vernement a cru pouvoir repousser l'industrie
» étrangère par des prohibitions. Mais aujour-
» d'hui que le courage du roi et des ministres a
» levé le voile trompeur, on s'est mis dans la né-
» cessité de rendre soutenable la concurrence
» qu'on a dû permettre.

» Cette démarche éclatante du ministère res-
» semble au trait du grand Condé jetant son bâ-
» ton de commandement dans les retranchemens
» du général Merci. »

Peut-on jamais plus mal raisonner sur un traité
qui a ruiné la majeure partie de nos manufactures ?

Rien ne pouvait être plus séduisant pour des
ministres, tels que le superficiel de Calonne et
autres, que cette prétendue ressemblance de leurs
démarches au trait du grand Condé ; mais pour
des hommes expérimentés, ce style fastueux,

dans de simples questions de commerce , est d'une si faible ressource , qu'il ne fait éprouver que le sentiment de la pitié et même de l'indignation.

Avec de telles démonstrations , aussi vaines qu'elles ont de prestiges pour certains esprits superficiels , il n'en pouvait résulter que l'épaississement des ténèbres qui environnaient les ministres.

Par-tout on apperçoit que cet écrivain avait la prétention de les guider , tandis qu'il ne pouvait que les égarer.

Tout porte à croire qu'il avait été un des collaborateurs de M. Gérard de Raineval , relativement à ce traité de commerce , et l'on ne doit pas être étonné qu'il ait entrepris d'en défendre les erreurs.

L'on conviendra qu'il faut avoir un excès de témérité, pour porter ainsi la hardiesse de son imagination dans des questions qui ne peuvent être bien traitées qu'à l'appui de l'expérience, et encore un plus grand excès d'audace pour oser publiquement en arborer le pavillon.

Ce sixième mémoire est terminé par l'annonce d'un travail divisé *en deux grandes branches : les impôts réglementaires* et *les impôts fiscaux* établis sur nos manufactures.

Ce travail, sur de très-faibles impôts, tout-à-fait insignifians , devait être subdivisé en neuf mé-

moires séparés, dont le résultat, est-il dit, ne pourrait que conduire à faire encore plus bénir le monarque.

Toute cette pitoyable besogne et ce fatras de
mémoires, ou plutôt tous ces calculs de l'amour-
propre, ne peuvent que faire gémir sur les conséquences pernicieuses qui devoient en résulter.

Hélas ! qui ne plaindrait pas ce monarque, quand
on parvient à connaître tous ces facheux dont il
était entouré et circonvenu ?

Après ce sixième mémoire, qui ne peut servir,
comme tout le surplus, qu'à dévoiler de faux systêmes dont rêvoit sans cesse l'écrivain, vient un traité
sur le cours des changes , en dix chapitres remplis-
sant 6o pages.

Ce n'est point ici le lieu d'entreprendre de détromper des illusions de ce long travail , le plus mal
conçu, qui était uniquement fait pour prouver dé-
monstrativement les prétendus avantages du traité de
commerce pour la France. Néanmoins je dirai brièvement que cette mauvaise besogne consiste dans
la formation de tableaux du cours des changes avec
l'Angleterre, depuis le 1er janvier 1785, jusqu'au
dernier mars 1788, pour les réduire à des taux
moyens et à un seul cours; que dans cette futile
opération l'auteur ne voit qu'un calcul simple , tan-

dis

dis qu'il est tellement composé et abstrait, qu'il est insoluble ; qu'il paraît croire que les paiemens réciproques ne s'opèrent que par des remises directes de nation à nation, sans mélange de remises sur toutes les places de commerce de l'Europe ; qu'il ignore absolument les divers effets résultans des transactions particulières, et ne sait même pas qu'il existe souvent des cours forcés entre les parties correspondantes, par des conventions attachées aux prix des marchandises ; qu'il est tellement ignorant sur tout ce qui se pratique dans le commerce, qu'il ne paraît pas se douter des causes et des effets de la déperdition du numéraire, ni des soins inquiets de la politique du gouvernement anglais ; que ce prétendu homme d'état, plein de prétentions aux sciences politiques, administratives et commerciales, ignore jusqu'aux manœuvres de la maison de banque anglaise B *** (1), concertées avec son gouvernement, pour concourir aux moyens de masquer les grands désavantages pour la France du traité de commerce, et pour favoriser les résultats de ce ruineux traité.

Enfin j'aurais, sur cette seule grande question politique et commerciale qui m'est familière, par

____

(1) Elle était établie à Paris, rue de Grammont ; elle a disparu dès le commencement de notre révolution.

I

les grandes relations que j'ai eu avec l'Angleterre, et d'autres nations commerçantes de l'Europe, des développemens à donner qui étonneraient peut-être la plupart des hommes publics; mais cela ferait une trop grande diversion dans le sujet que je traite dans ce moment, pour que je l'entreprenne.

Cette opération sur les changes est accompagnée de dissertations, par chapitres intitulés *Observations; --- Notes.*

Pour mettre à portée de juger combien le langage de l'écrivain est étranger au commerce, il suffit d'en donner aux commerçans un échantillon par les deux phrases suivantes :

« Le commerce de spéculation n'a, ni les mêmes
» formes, ni les mêmes suites que le commerce de
» demande.

» Si nos négocians demandent des marchan-
» dises aux négocians et aux fabricans anglais,
» ceux-ci voudront être payés en Angleterre, et
» alors tous les frais de paiement seront à notre
» charge. »

Que peut-il donc entendre par cette distinction du commerce de spéculation, au commerce de demande, et aussi de la différence des formes et des suites de ces commerces qu'il distingue ?

A lui seul appartient la solution de cette proposition obscure ; les commerçans n'y peuvent voir qu'absurdité et ignorance.

De tels raisonnemens répondent parfaitement à ses idées confuses sur les changes, et font bien voir qu'il n'a pas la moindre connaissance des usages du commerce, ni de la correspondance commerciale.

On s'apperçoit même qu'il n'a jamais connu l'usage des deux seuls mots *Doit --- Avoir*, ou *Débit-et-Crédit*; que par conséquent il n'a pas les plus faibles notions sur la tenue des comptes généraux.

S'il eût su tenir celui par profits et pertes, pour la France, il n'y aurait pas trouvé ce prétendu avantage, qu'il croit lui avoir si lestement prouvé par son résumé du tableau arithmétique des cours du change.

Puisqu'il ne connaît pas le commerce, que n'apprend-t-il donc au moins son alphabet, avant d'entreprendre d'en parler le langage ?

Toutes ces notes, qui font huit grands chapitres, et qui se prolongent dans une étendue immense d'environ 150 pages, ne retracent que des idées et des préceptes tirés d'une simple routine administrative, tout-à-fait en discordance avec des vérités relatives au commerce.

Après être convenu, dans sa lettre, du préjudice notable qu'a fait le traité de commerce aux manufactures des provinces de Normandie, Picardie, Champagne, il dit dans ses notes : « Qu'il n'y a » rien à reprocher au traité de commerce ; *qu'il* » *a fait du bien ; qu'il n'a fait aucun mal.* »

Ce raisonnement est bien digne d'un homme qui met en comparaison l'universalité des cultivateurs des vignes, qu'il porte à 4 millions, avec une seule manufacture.

Il n'y a pas une page de ce volume où l'on n'ait lieu de reconnaître le désordre des idées et de l'esprit de l'auteur du rapport sur les jurandes.

Cet irascible déclamateur, sans cesse animé du désir de faire briller son esprit aux dépens du bon sens ; et pour ajouter du merveilleux à tout ce qu'il a entassé dans ce volume, a aussi entrepris d'y dévoiler les erreurs commerciales de l'Angleterre.

Il en a fait un chapitre particulier vers la fin de ce volume : cela mérite aussi la peine d'en faire ici mention.

« Les Anglais, dit-il, portent dans l'adminis- » tration de leur commerce un esprit plus actif » qu'éclairé.

» Si quelque philosophe se hasardait à dire, » qu'à l'exception peut-être de cinq ou six hom-

» mes de génie, tels que Smith, Price et Tuc-
» ker, le peuple et les législateurs anglais n'ont
» pas une idée claire ni juste des droits des hom-
» mes, de la liberté qui doit être assurée aux ci-
» toyens, et des intérêts commerciaux de leur na-
» tion, il passerait pour avoir débité le plus insou-
» tenable paradoxe. »

« Nous nous bornerons à demander à nos lec-
» teurs ce qu'ils pensent de quelques faits que nous
» extrairons de cent autres de la même espèce. »

1°. *Il est défendu en Angleterre de porter des boutons de la même étoffe que son habit.*

2°. *Tout Anglais doit être enterré dans un vête-ment neuf de laine.*

3°. *Le parlement à imposé en 1786, un droit de deux schelings par gallon d'eau-de-vie, importé d'Ecosse en Angleterre.*

4°. *Les Anglais prohibent avec sévérité la sortie de leurs laines.*

« Si l'on veut avoir une idée du dommage
» affreux que cette grande faute commerciale et
» politique a causé à la Grande-Bretagne, on
» trouvera dans l'ouvrage du savant, du sage, de
» l'exact, du profond Smith, que, depuis la pro-
» hibition de la sortie des laines, leur prix a baissé

» de moitié en Angleterre, et que celui des laines
» d'Ecosse a aussi baissé considérablement, à dater
» de l'union des deux royaumes, qui a soumis les
» laines écossaises au monopole britannique.

» Est-ce avoir des principes, de la suite, un
» plan ? Est-ce connaître les droits des hommes
» les intérêts de la nation ? Est-ce raisonner ? Est-
» ce administrer ? Est-ce régner ? Presque tous les
» réglemens commerciaux de la Grande-Bretagne
» ont ce même esprit d'une activité inquiète, sans
» équité et sans lumières. »

La prétention de l'écrivain, est, comme on le voit,
de s'ériger en philosophe pour avoir la gloire de
blâmer les réglemens commerciaux de l'Angleterre. Sa critique, infiniment ridicule et absurde,
porte elle-même sa condamnation.

Comment peut-on se permettre de raisonner
ainsi sur des loix d'autant plus utiles, qu'elles sont
commandées par la force des circonstances et l'im-
périeuse nécessité résultant de la position de l'Angleterre ?

Pour être en état de discuter les causes et les
effets de ces loix, il ne suffit pas d'avoir lu les
ouvrages de quelques écrivains anglais, qui se
sont déclaré les apôtres d'une liberté indéfinie ; il
faut s'identifier avec l'esprit national, qui en les

dictant, a plus consulté ses intérêts que son amour-propre, et aussi être pénétré des grands intérêts commerciaux.

Alors il est facile de s'appercevoir que ces loix ont été faites pour donner de l'émulation à l'industrie anglaise, et la rendre capable de surpasser la rivalité des autres nations et d'en vaincre la concurrence.

Cet écrivain Smith, tant vanté et presque divinisé par le prétendu philosophe français, est un de ces hommes faits pour briller plutôt dans le cabinet que dans le comptoir. On a lieu de remarquer l'insuffisance de sa théorie dans ses écrits, sur-tout dans ses recherches sur la nature et les causes des richesses nationales.

Tucker et Price ont su tirer parti de leur esprit patriotique, par de certains pamphlets et des anecdotes capables de flatter l'intérêt national; mais ils se sont presque toujours écarté des vrais principes du commerce.

Le grand enthousiasme pour ces docteurs anglais qu'affecte l'économiste français, sert bien encore à faire connaître le faux pavillon qu'il arbore de la science commerciale, politique et philosophique.

Il ne passera pas, comme il le prétend, pour un philosophe qui a débité, sur le gouvernement

I 4

anglais, le plus insoutenable paradoxe ; mais il passera, on peut le dire crument, pour un présomptueux esprit, qui a débité les plus grandes bêtises.

Le défaut de réflexion et d'ordre dans les idées gigantesques de ce pigmée, l'empêche de sentir le mérite et les effets avantageux de ces loix, qui contribuent à la force et à la grandeur d'une nation qui fait tous ses efforts pour s'emparer du commerce de l'Europe.

Que peut l'autorité d'un tel politique contre les principes des résolutions dictées par l'intérêt de la patrie, et la conviction du propre jugement des plus grands hommes de l'état ?

On pourrait mettre en opposition à notre habile écrivain, ainsi qu'à certains auteurs anglais, qui ont la manie de répandre des alarmes sur les matières commerciales, d'autres écrivains anglais, qui les entendent mieux, tels que Chalmers, Scheffield, Arthur Young, etc.

Pour répondre aux questions de l'écrivain français sur les faits qu'il dit avoir extraits de cent autres de la même espèce, on peut observer, à l'égard de son premier sur les boutons, que les mines de fer et de cuivre sont nombreuses en Angleterre, qu'il est impossible de calculer avec certitude la proportion de leur produit mis en œuvre.

On sait que le fer se déguise sous le nom d'acier, lorsqu'il est rafiné et épuré ; et combien le travail et l'art en Angleterre, ont ajouté à la valeur première de ce métal ainsi que du cuivre.

Les mines de Cornouaille produisent une grande partie des cuivres dont on fait usage en Angleterre. A Anglesey est une mine du même métal, qui fournit environ sept mille tonneaux annuellement. Outre le cuivre pur, il y en a une espèce qui est produite par précipitation en source vitriolique. Celles de Wicklou, en Irlande, rendent beaucoup.

On prétend que ce cuivre est plus pur et se vend plus cher que celui qu'on tire de la mine.

En examinant attentivement les différens usages de ces métaux, l'énorme quantité de bras employés pour les façonner, les produits que le travail et l'art y ajoutent, on est frappé d'étonnement de l'énorme valeur qu'en retire l'Angleterre, surtout lorsqu'on connaît les superbes fabriques de Birmingham, de Sheffield, de Salisbury et autres.

D'après cet examen, les appréciateurs éclairés seront plus étonnés des raisonnemens de notre superficiel économiste, que de la défense de porter des boutons d'étoffe.

Quant au deuxième fait du vêtement mortuaire de laine, l'on saura que les fabriques d'étoffes de laine sont incomparablement plus considérables que celles de toiles établies dans l'Écosse et l'Irlande ; que d'ailleurs l'Angleterre et ses deux royaumes unis abondent en laines, tandis qu'ils tirent la majeure partie de leurs chanvres de Russie, et leurs lins de l'Allemagne, la Hollande, la France, etc.

On ne doit donc pas être surpris que ce dernier vêtement, très-indifférent dans l'espèce, soit plutôt de laine que de chanvre ou de lin.

A l'égard du troisième fait, il n'est pas exact.

L'accise de deux schelings par gallon, ne porte que sur l'eau-de-vie double ; la simple n'est imposée qu'à un scheling. L'on voit par la discussion de la loi, que cela a été fait pour l'encouragement des distillateurs de l'Angleterre. Il en est de même à l'égard du droit de deux schelings quatre sols par gallon sur le rhum des Isles Britanniques, des Indes occidentales.

Les distillations anglaises de Drêche et de Mélasse ont de tous tems été encouragées, pour que leur perfectionnement suppléât aux eaux-de-vie de vin dont ce pays est privé.

Il a été même accordé un privilége (patent) pour

tirer de l'eau-de-vie de carottes et de panais , qui, d'après l'expérience , s'est trouvée approcher beau- coup de l'eau-de-vie de vin.

Rien ne paraît plus naturel que des impôts de cette espèce. Ils sont plus raisonnables que ceux établis aux portes de Paris et d'autres villes , sur les boissons. A l'égard de celui sur le rhum , il a la plus grande similitude avec ceux qui sont perçus sur les denrées de nos colonies importées en France.

Pour le quatrième fait de la prohibition de la sortie des laines , le reproche est encore l'effet de la plus grande ignorance.

Avant le règne d'Edouard III, au quatorzième siècle , le trafic des laines en Angleterre , consistait dans leur exportation , et alors le droit perçu à la sortie , formait une partie du revenu du roi. Il lui a été ensuite conservé proportionnellement sur l'exportation des laines fabriquées.

En 1331 , le roi écrivit une lettre à un manu- facturier de Flandre , pour l'inviter à s'établir en Angleterre ; il accepta cette offre , et plusieurs au- tres manufacturiers suivirent son exemple.

Dewits , en parlant de cet évènement , dit : « qu'avant l'établissement de ces manufactures de » laine, les Anglais pouvaient être regardés comme

» des bergers, que cette démarche devint le fon-
» dement de leur gloire commerciale, et la ruine
» des Pays-Bas. »

La première richesse de l'Angleterre consistait
véritablement dans ses troupeaux, et on a reconnu
qu'elle avait tellement accru sa population et sa
puissance, que dans la crainte que les nobles n'ou-
bliassent ce qu'on devoit à la toison, on les a fait
asseoir au parlement sur des sacs de laine.

L'industrie française, plus avancée que celle
d'Angleterre, employait une grande quantité des
laines de celle-ci dans ses manufactures, pour lesquelles elle donnait en échange une grande partie
de ses objets manufacturés, de ses vins et autres
denrées.

Par un systême des plus erronés, la France abu-
sant de sa prééminence commerciale, mettait sur
les denrées et marchandises dont l'Angleterre avait
besoin, des droits si forts à leur sortie, qu'ils
équivalaient à une prohibition, tandis qu'il eût été
beaucoup plus avantageux de favoriser la préférence que donnaient les anglais à nos productions,
et recevoir en échange ses laines, dont nous tirions
le parti le plus avantageux.

Le traité de commerce de 1655 entre la France

et l'Angleterre fut très-favorable à la France, et il a été maintenu par Cromwel, malgré les efforts de l'Espagne pour le faire rompre.

Il paraît qu'à cette époque, Mazarin et Cromwel s'entendirent parfaitement. Le prix du traité fut l'abandon de la famille royale, et son bannissement des terres de France. (1)

La guerre que déclara l'Espagne à l'Angleterre à cette occasion, lui fut tellement funeste, que la France n'eut plus à redouter la rivalité de l'Espagne.

A cette époque nos manufactures de draps étaient des plus florissantes. Celles de Languedoc, par la proximité avec Marseille et l'Espagne, avaient non-seulement le double avantage de se procurer des matières premières de la plus belle qualité, à meilleur marché qu'aucuns autres pays, mais encore de pouvoir transporter aisément ses marchandises en Italie et dans le levant, et de procurer à la France en retour les matières premières de ses manufactures de soies.

---

(1) Charles II, qui habitait la France depuis la mort de son père, fut obligé de se retirer à Bruxelle.

Les Vénitiens , qui accaparaient les soies de l'île de Chypre , succombèrent à tous leurs efforts pour nous en priver.

L'avantage immense dans ce commerce sur les Anglais , déclina sensiblement par la conduite impolitique de Louis XIV , relative à son ambition militaire , à la révocation de l'édit de Nantes , et aux droits oppressifs et irréguliers de ses douanes.

On peut juger des bénéfices considérables pour la France de ce commerce dans le levant , par celui de la compagnie de Turquie Anglaise , qui, dans son début , comptait déja ses profits à huit millions tournois annuellement.

La première prohibition de la sortie d'Angleterre des laines en nature , date de l'année 1660. La peine prononcée était la confiscation de la marchandise et des vaisseaux , l'amende de 20 schélings pour chaque brebis exportée , et de 30 pour chaque livre de laine.

C'est dans cette même année 1660 que fut passé ce fameux acte de navigation , qui a tant concouru à l'agrandissement de la marine, à l'accroissement des richesses coloniales, et qui enfin a tant contribué à la force et à la grandeur de l'Angleterre.

Aussitôt qu'elle fut en possession de manufactures de draps , elle reconnut la nécessité de leur réserver ses laines , d'autant plus recherchées , qu'après celles d'Espagne , ce sont les plus belles de l'Europe.

Après ces laines d'Espagne , dont le pacte de famille nous a fait jouir avec une faveur particulière , celles de certains cantons de l'Angleterre sont les plus parfaites : surtout celles des environs de Ross en Herefordshire , et ensuite celles de Lincolnshire et de Kent. Elles sont supérieures à celles du Berry qui sont les meilleures de France.

Il ne faut pas confondre celles-ci avec cette espèce nouvelle , provenant des essais faits depuis quelque tems de l'accouplement des béliers d'Espagne dans nos troupeaux , dont on a obtenu de très-belles laines , mais qui sont encore inférieures à celles d'Espagne , qu'on appelle Toison de l'Escurial.

Si l'on pouvait croire à ce qu'a dit un observateur Anglais sur l'instruction publiée depuis longtems par M. Daubenton, et le traité des bêtes à laine par M. Carlier, nous serions encore bien loin des Anglais dans la manière d'élever les troupeaux.

Néanmoins les essais faits en France , ont eu des succès qui se font sentir.

"Depuis quelques années le trafic des métis s'est beaucoup étendu, mais à des prix trop élevés résultant des spéculations de personnages riches dont je ne me permettrai pas de censurer les idées, ou les motifs ; mais j'observerai que la faible administration de la société d'encouragement pour l'industrie, leur décerne des médailles dont la valeur devrait être plus utilement employée.

" Je dois encore observer que jamais les belles laines n'ont été à un plus haut prix en France, que depuis que le charlatanisme a pésé sur cette sorte d'entreprise. Je dirai aussi qu'il s'est formé à Paris des associations de capitalistes, étrangers au commerce de laine, pour des spéculations sur celles d'Espagne, qui n'ont pas peu contribué à les faire renchérir.

Il y a sur tous ces objets des choses très-essentielles à dire au Gouvernement, pour l'amélioration des fabriques et du commerce de draperies.

Sous le règne de Louis XIV, le gouvernement français, persistant à abuser, comme je l'ai dit, de sa prééminence commerciale, mettoit des droits très-forts sur ses denrées et les objets de ses manufactures dont l'Angleterre avait besoin, et augmentait graduellement les droits sur les marchandises anglaises.

Cette

Cette excessive ambition de ruiner le commerce d'Angleterre, effet d'un faux calcul, fit ouvrir les yeux à cette nation, et, en 1678, elle passa un acte contre le gré de son roi Charles II, pour prohiber l'importation des marchandises françaises.

Les effets de cette loi se firent bientôt sentir; car, dans l'espace de vingt années, il fut reconnu, après le traité de paix de Riswich en 1699, que les seules exportations d'Europe étaient plus que doublées.

La grande extension des manufactures de lainages en Angleterre date de la révocation de l'édit de Nantes en 1685.

Cette révocation, d'affligeante mémoire, est **un** des effets de la perfide politique sacerdotale dont la France n'a cessé d'être victime.

C'est à cette quantité immense de réfugiés français, qui s'établirent en Angleterre, qu'elle est redevable des grands progrès de ses manufactures d'étoffes de laine et autres. On évalue à plus de 200 mille les réfugiés établis en Angleterre, en Ecosse et en Irlande, non compris au moins 300 mille qui s'établirent en Hollande, en Silésie, dans le Brandebourg et en Suisse.

Les encouragemens et l'assistance que sut combiner le gouvernement anglais, avec la conduite

impolitique de la cour de France, mirent ses manufactures de laineries en état de surmonter la
concurrence.

Le commerce de cette nation, qui gagnait chaque jour, acquit une énergie et un ressort qui l'éle-
vèrent à un degré jusqu'alors inconnu.

Non-seulement l'Angleterre pouvait calculer à sa
grande satisfaction, le produit des exportations de
ses manufactures pour les marchés de l'Europe, ou
pour les contrées plus éloignées, sur les bords de
la Méditerranée, où elle avait des concurrens,
mais encore elle leur avait ouvert un débouché considérable dans les colonies dont elle avait le monopole.

Enfin, en 1701, d'après des documens certains,
la valeur de ses exportations s'élevait annuellement
à la somme de 150 millions tournois; et elle n'a
cessé de s'accroître depuis cette époque.

Au commencement de ce siècle dernier, lorsque
la peste désolait Marseille, les demandes des pays
étrangers, pour les marchandises en laine, étaient
si considérables, que les laines d'Angleterre et d'Irlande n'y pouvaient suffire.

Après quatre années de négociations, le ministère français est parvenu à conclure un traité de
commerce avec la reine Anne, qui fut signé par des

plénipotentiaires à Utrecht , le 31 mars 1713 , et publié à Londres , sous l'autorité royale , au mois d'avril suivant.

Entr'autres clauses favorables à la France, il y est dit , que toutes les loix prohibitives passées dans la Grande-Bretagne, depuis 1664, contre l'importation des effets et marchandises venant de France, non prohibés avant ce tems , seraient annullés , et que le tarif fait en France serait suivi de nouveau pour les marchandises importées ou exportées.

Aussi les droits sur les vins de France étaient réduits au même taux que ceux de Portugal, qui étaient les plus favorisés en vertu d'un traité de 1703 , si favorable à l'Angleterre.

Le 14 mai 1713 on fit sur ce traité avec la France , du 31 mars précédent, une motion dans la chambre des communes, qui occasionna des recherches tendantes à constater exactement le montant des importations et des exportations , du produit des manufactures de laines , et de leur commerce avec la France et le Portugal, ainsi que des vins de ces deux royaumes importés à Londres et dans les autres ports depuis 1676 jusqu'en 1712. Ces estimations ont été délivrées à la chambre.

Aussitôt que le bill y relatif fut rendu public, il s'éleva une clameur universelle des marchands et des manufacturiers. Les pétitions, les mémoires, les remontrances vinrent de toutes les parties du royaume.

La compagnie de Turquie, celle de la Baye d'Hudson et des Indes, les fabriques de draps, d'étoffe de laine prirent l'alarme. Elle devint à la fin si générale, que non seulement les principales villes commerçantes de la Grande-Bretagne et les compagnies de commerce, mais même leurs fac-tôreries d'Hambourg envoyèrent des remontrances au parlement contre ce traité.

Le Portugal crut voir une infraction à son traité de 1703, et son ambassadeur déclara hautement par un mémoire, au nom de son maître, que si le parlement confirmait l'article qui réduisait les droits sur les vins de France au même taux que ceux de Portugal, on prohiberait immédiatement toutes les marchandises anglaises importées dans son pays.

De toute part on crut voir dans ce traité un avantage immense pour la France dans la balance du commerce sans aucune égalité de retour.

Le parlement alarmé pour les manufactures et le commerce de son pays, par le nombre de remon-trances pressantes, rejetta ce traité, le 13 juin, après les débats les plus animés.

Pour connaître l'effet que produisit cette rejection, et la fermentation générale que ce traité avait excité, il est à propos d'en rapporter quelques traits remarquables qui sont constatés authentiquement.

Aussitôt que cette nouvelle est arrivée dans les villes de Froom et de Canterbury, tous les ouvriers employés aux manufactures de laine et de draps, dont ces villes abondent, ont fait des réjouissances extraordinaires, telles que des feux d'artifice, illuminations ; ils ont aussi fait sonner toutes les cloches, ont bu à la santé des patriotes qui avoient concouru à la rejection du traité, etc.

A Conventry, où on appellait la rejection, *the glorious negative*, le peuple, dans ses diverses démonstrations de gaieté à cette occasion, et de son aversion pour le traité, attacha à une perche deux fourchettes portant une toison de laine et une bouteille, qu'ils promenaient par-tout avec cette inscription : *Point d'échange de laines anglaises pour du vin de France ; la corde pour tous ceux qui veulent tremper leur toison dans le claret ; point d'échange de nos denrées du pays pour de l'eau-de-vie*, etc.

Ce ne fut pas dans cette île seulement qu'on attendit avec inquiétude l'issue de cette grande

affaire, et qu'on fit paraître tant de joie à la rejection.

Les factoreries du Levant et du Portugal, pendant que cette affaire était en suspens, avaient autorisé les principaux membres de leurs compagnies de se joindre aux comités des négocians, et
de paraître à la barre de la chambre. Leur joie, en
recevant la nouvelle de la rejection, fut poussée
jusqu'à l'extravagance. Plusieurs jours furent passés
en festins et en félicitations.

Ces particularités, qui sont tirées des meilleures
autorités, servent bien à éclairer sur l'importance
du commerce des laines, et à faire voir combien
cette branche de commerce en Angleterre, a de
poids et d'influence sur la richesse nationale.

Quel est l'homme de commerce, familiarisé aux
plus minces spéculations, qui ne sente pas l'avantage, pour une nation, de maîtriser les prix des
objets de première nécessité dans ses propres marchés ?

Si les laines sont, aux manufactures d'Angleterre
qui occupent des millions de bras, un aliment aussi
précieux que les denrées qui servent à la nourriture des peuples, pourquoi donc se permettre, à
l'occasion de la prohibition de leur sortie, d'accuser
les législateurs anglais de n'avoir pas une idée

claire ni juste des intérêts commerciaux de leur nation? L'on conviendra qu'il n'y a qu'un sophiste audacieux, un visionnaire qui puisse hasarder des opinions aussi insensées.

Il est certain que, si les laines d'Angleterre étaient exposées aux renchérissemens résultans des spéculations étrangères à ses manufactures, leurs draps et autres lainages perdraient leur prépondérance dans la concurrence des marchés d'Europe, et des autres parties du monde, et l'on sent qu'alors la force positive et relative de cette puissance diminuerait, en tournant au profit des nations rivales.

Je puis citer un exemple frappant de cette prépondérance.

Pendant la dernière guerre pour l'indépendance de l'Amérique, la France accorda au congrès une somme pour habiller les troupes américaines Son argent fut employé à acheter des draps anglais en Hollande, qui furent transportés en Amérique. Les ministres français s'en plaignirent.

M. Laurens, chargé de cette emplète, dit pour sa justification que les draps anglais, du même prix que les français, leur étaient infiniment supérieurs.

D'après ces divers exposés, il est facile de juger que ce n'est pas sur de vaines spéculations que les Anglais ont établi leurs réglemens commerciaux, et sur-tout la prohibition de l'exportation de leurs laines.

Il m'est permis de répéter aussi, qu'il n'est pas aisé d'expliquer à celui qui ne s'occupa jamais de pareilles recherches, combien est vaste l'influence du commerce d'Angleterre en laineries sur la prospérité nationale. La manufacture de la toison dispense l'occupation et la richesse, dans une variété si immense de départemens; elle est si intimement unie à la prospérité territoriale et commerciale, qu'elle enveloppe nécessairement dans son sort les intérêts de la communauté entière, depuis la chaumière jusqu'au trône.

Un des plus grands malheurs pour le commerce de la France, c'est que des apôtres d'une secte à laquelle tient notre économiste, soit admis à traiter des questions de commerce qu'ils ne voyent qu'à travers le prisme de leur amour-propre, et qu'encore ils soient admis à discuter des intérêts commerciaux de la plus haute importance, dans des assemblées nationales, où leurs raisonnemens abstraits et emphatiques sont écoutés, et en imposent malgré qu'on ne les puisse comprendre.

Notre économiste ne s'apperçoit pas que son système relatif aux laines d'Angleterre, est naturellement applicable à la défense d'exporter des grains de la France.

Les propriétaires territoriaux peuvent le prendre pour leur avocat dans le procès à intenter à notre gouvernement à cet égard. Son plaidoyer est tout fait, c'est la même cause que celle des propriétaires des bêtes à laine de l'Angleterre et de ses deux royaumes unis, dont il reproche qu'on gêne le débit de leurs toisons pour en faire baisser le prix.

Mais il est plus que douteux que ce grand réformateur de la législation commerciale de l'Europe fasse fortune par tous les efforts de son style auprès de notre gouvernement, en lui disant : est-ce avoir des principes, de la suite, un plan ? est-ce reconnaître les droits des hommes et les intérêts de la nation ? est-ce raisonner ? est-ce administrer ? est-ce régner ?

Si l'on dévoilait toutes les absurdes prétentions de cet écrivain, on aurait de la peine à croire qu'il eût jamais existé dans l'administration de notre commerce un tel homme. Ses erreurs et ses faux raisonnemens sont si nombreux, que pour les citer, il n'y a que l'embarras du choix ; et je suis forcé d'avouer qu'il est honteux pour la France de montrer à ses rivaux, et de transmettre à la postérité des traits d'une ignorance aussi profonde dans les matières commerciales par un homme attaché à son gouvernement. Son initiation à la confection des loix et réglemens commerciaux, est véritablement injurieuse aux lumières de la nation.

Il est, je crois, suffisamment démontré que c'est dans l'obscurité et la confusion des idées les plus égarées, que cet énergumene ose décider orgueilleusement que cette nation Anglaise, si active et si éclairée, qui soumet tout à ses calculs, ne sait pas du tout calculer ses vrais intérêts.

Au moment de terminer ces observations relatives au rapport sur les jurandes et maîtrises, il paraît une brochure intitulée, Considérations sur ce rapport, par M. Soufflot de Merey, sur lesquelles je ne puis me dispenser de faire connaître aussi mon opinion.

RÉPONSE,

A M. VITAL ROUX,

Membre de la Chambre de Commerce du Département de la Seine, et d'une commission chargée de lui faire un rapport sur les Jurandes et Maîtrises, Par E. THIRION, ancien Négociant.

Paris, ce 20 mars 1806.

MONSIEUR,

Vous me déclarez que vous êtes l'auteur du rapport sur les jurandes et maîtrises , et vous exigez que je rende publique ma réponse à votre lettre du 16 de ce mois , en me disant à la fin : » *J'espère , Monsieur,* » *que vous me donnerez une preuve de l'impartialité* » *que vous annoncez, en désabusant le public sur ce* » *rapport que vous avez attribué à M. Dupont de* » *Nemours, ou je serai forcé de me charger moi-* » *même de ce soin.* «

D'abord, je vous observe que ce serait une erreur de penser que cette réclamation que vous faites de la propriété de ce rapport, pût atténuer la gravité des reproches dont il est susceptible.

L'ouvrage que j'ai publié (1), qui contient mes observations sur ce rapport signé par vous et M. Cordier, ne peut blesser votre amour propre , qu'autant

---

(1) Mémoire à l'Empereur, sur l'amélioration des loix et réglemens commerciaux. Lettres à la Chambre de Commerce de Rouen et au Ministre de l'Intérieur à ce sujet. Observations sur un rapport fait à la Chambre de Commerce du département de la Seine , sur les Jurandes et Maîtrises, et sur les considérations publiées par M. Soufflot de Merey sur ce rapport. Par E. T. ancien Négociant. A Paris chez l'auteur, rue du Monceau S. Gervais n° 12. Et chez M. PRAULT, Imprimeur, rue Taranne, n°. 16. Un vol. in-8°. Prix 1 fr. 80 c. et franc par la Poste, 2 fr. 50 c.

que vous auriez produit ce rapport avec la prétention
d'en être l'auteur. Alors j'avoue qu'il peut être dou-
loureux pour vous d'être obligé de soutenir maintenant cette prétention d'après l'évidence des vices que
j'en ai dévoilés.

Si vous êtes réellement un commerçant, vous de-
vez savoir en parler le langage ; et dans ce cas, il
est impossible de vous reconnaître pour l'auteur de
cet ouvrage.

Votre prétention d'en être l'auteur, et aussi que
M. Dupont n'était pas de la commission, est en contradiction avec ce que m'a dit un des membres de
votre chambre, avec le titre que prend publiquement M. Dupont de secrétaire de la Commission et
de la Chambre cumulativement, avec ses écrits, dans
lesquels il prodigue sans mesure, de même que dans
ce rapport, des louanges à MM. Trudaine et Turgot que vous n'avez jamais connus, tandis que M.
Dupont se vante d'être l'élève tantôt de l'un, tantôt
de l'autre ; c'est ce que j'offre de prouver.

Dans tous les cas, il n'y a que lui dans votre
Chambre qui aurait pu vous symboliser avec son
esprit de parti et ses faux raisonnemens dont tous ses
écrits fourmillent ; ainsi, soit que ce rapport ait été
écrit par lui, ou par vous sous sa dictée, ou sous
son influence, il n'en est pas moins son ouvrage.

Quant à tout l'odieux que vous prenez, dites-
vous, pour votre compte, il ne résulte que des vices
de ce rapport lui-même. Je n'ai cessé d'en présenter les raisonnemens et les phrases pour établir et
fonder mes observations. Par conséquent il m'est
très-indifférent que vous vous en érigiez l'auteur à

la place de M. Dupont ; cela ne changera rien à mes opinions.

Mon aversion pour l'esprit de système est bien pardonnable. Il a tant été nuisible aux progrès de l'industrie et du commerce en France, que je ne crains pas de le choquer en le contredisant.

Comment pouvez-vous prétendre que ce que j'ai observé sur l'ouvrage publié en 1788 par M. Dupont, relativement au traité de commerce entre la France et l'Angleterre, n'ait pas une grande analogie avec l'objet de ma brochure ? N'y avez-vous donc pas lu mon mémoire à l'Empereur, et ma lettre à la chambre de Commerce de Rouen, dans lesquels il est question de ce traité de commerce, et aussi de M. Dupont lui-même ? Il paraît que la préoccupation du rapport que vous avez signé, absorbe entièrement votre attention.

Croyez, Monsieur, que je m'applaudirai toujours de pouvoir détruire les impressions désavantageuses pour le commerce, de la publication des erreurs et des hérésies commerciales, sans égard à qui elles appartiennent.

Mes réclamations en faveur du commerce, contre l'hydre douannière, sont aussi très-essentielles ; surtout dans un moment où des prohibitions générales sont prononcées sans aucune adaption des principes qu'elles réclament.

Quand on s'est occupé longtems, comme je l'ai fait, de l'étude des véritables principes du commerce, ainsi que de ses rapports politiques, il est difficile de ne pas s'exprimer avec force, lorsqu'on se trouve dans le cas de combattre des opinions dans

gereuses, surtout dans ce moment où l'esprit de systême paraît vouloir, dans ses écarts, relever le culte
de ses idôles.

Malgré l'aveugle enthousiasme que vous paraissez
avoir pour M. Dupont, que vous dites au-dessus de
mes moyens d'attaque, on ne le trouvera pas aussi
invulnérable que vous affectez de le croire, lorsqu'on
aura lu mon ouvrage.

Je forme les vœux les plus ardens pour que votre
chambre de commerce tienne à la haute idée que les
connaissances commerciales forment une science aussi
précieuse qu'elle est naturelle, et que c'est dans sa pratique seule qu'on acquiert la possession des faits, des
notions exactes et positives, et que par ces raisons,
elle doit purger sa corporation de ce funeste esprit
de système qui ne peut engendrer que des hérésies
commerciales.

J'ai l'honneur, Monsieur, de vous présenter mes
très-humbles salutations.

E. Thirion, ancien Négociant.

OBSERVATIONS

SUR DES CONSIDÉRATIONS

PUBLIÉES PAR M. SOUFFLOT DE MEREY,

SUR UN RAPPORT

FAIT A LA CHAMBRE DE COMMERCE

DU DÉPARTEMENT DE LA SEINE,

SUR LE RÉTABLISSEMENT

DES JURANDES ET MAÎTRISES.

L'OUVRAGE de M. Soufflot est agréable à lire.
Cet écrivain a des prétentions à l'élégance du style ;
il a fait une certaine dépense d'esprit, de politesse et
même de galanterie envers la chambre de commerce, dont il perdra inopinément la récompense.

Il lui dit avant d'entrer en matière : « Que l'or-
» dre qu'elle a donné d'imprimer le rapport, sup-
» pose son assentiment, et que c'est moins l'opi-
» nion particulière d'un de ses membres qu'il a à
» combattre, que la pensée de tous ceux qui la

» composent : c'est une tâche d'autant plus diffi-
» cile, que personne, plus que moi, ne rend hom-
» mage au mérite des uns, ne met plus prix à l'a-
» mitié dont d'autres m'honorent, n'est plus ja-
» loux enfin de l'estime de tous ; mais je diffère
» tellement d'opinion, et sur les principes et sur
» les conséquences, que le rapporteur a tirés des
» questions qu'il a lui-même proposées, que j'es-
» père que les membres de la chambre me par-
» donneront, non pas une attaque, mais *une dé-*
» *fense légitime.*

» J'ai en effet remis au gouvernement, sur cette
» importante matière, un travail qui embrasse
» tout à la fois le système administratif et judi-
» ciaire, et dans lequel je crois avoir également
» démontré l'utilité, la nécessité du rétablissement
» des jurandes et maîtrises.

» . . . .

» Et bien qu'obligé de combattre et repousser
» des principes que je crois erronés, et qu'une
» saine politique ne peut admettre, je n'oublierai
» pas cependant que les citoyens qui composent
» la chambre du commerce, *sont environnés d'une*
» *juste considération, et ont acquis des droits à*
» *l'estime publique.* «

Ailleurs il dit :

» La chambre de commerce, *forte d'une masse*
» *imposante de lumières* qui relève encore l'im-
» portance de ses fonctions, a sans doute pensé
» qu'elle devait envelopper dans une même pros-
» cription toutes les corporations *passées, présen-*
» *tes et futures.*

» Moins favorisé *par les lumières et l'avantage*
» *de la position*, je suis aussi moins ambitieux
» dans mes projets, moins absolu dans mes dé-
» sirs. »

Malgré toutes ces images agréables pour plaire
aux membres de la chambre de commerce, cette
sorte de courbette se trouve décriée dans plusieurs
endroits de l'ouvrage par l'insimulation *de man-*
quer de jugement, que ce qu'il appelle leurs opinions et leurs pensées, *sont le cri des économistes,*
et sur tout par la forte application qu'il leur fait *de*
l'esprit de système.

Cela y est si fortement exprimé que je crois
devoir faire remarquer ce qu'en contient une seule
page.

» Les hommes, en masse, veulent un bonheur
» palpable et présent. Ils rejettent le bonheur à
» venir comme douteux et presque idéal ; mais ce
» qu'ils redoutent principalement, c'est l'esprit de
» système, enfant de l'imagination, et impétueux

» comme elle ; ils savent en effet que l'esprit de
» système dénature et bouleverse tout sans jamais
» rien créer. Ils se confient plus volontiers à l'ex-
» périence, qui, plus sage, plus modérée, ob-
» serve, entretient, conserve, perfectionne tout,
» et ne détruit rien.

» Ils craignent l'esprit de système parce qu'il
» enfante l'esprit de parti, et que, pour se sou-
» tenir, il a besoin de sectateurs. Ils préfèrent, et
» avec beaucoup de raisons, l'expérience, parce
» qu'elle s'appuie sur le tems, et que sans effort
» elle éclaire et fixe l'opinion.

» ils savent enfin que l'esprit de système ne vit
» que d'illusions et de chimères, mais que l'expé-
» rience, au contraire, vit d'observations et de faits.

» Opposer l'esprit de système à l'expérience,
» c'est opposer la fable à l'histoire, c'est opposer à
» des résultats certains, incontestables, les sophis-
» mes brillans de l'esprit de novation, les calculs
» incertains d'une théorie dangereuse ».

L'on voit ici que l'opinion de M. Soufflot, sur
l'esprit systématique de ce rapport, s'accorde avec
la mienne ; mais on voit aussi que nous différons
de sentimens sur la participation ou l'approbation
de la chambre à cette mauvaise besogne.

Il se trompe en croyant que ce rapport est moins

l'opinion particulière d'un des membres de la chambre, que la pensée de tous ceux qui la composent. On ne peut douter que ce travail ne soit autant étranger à MM. Vital, Roux et Cordier qui l'ont signés, qu'aux autres membres de la chambre, à l'exception du secrétaire de cette chambre qui faisait partie de la commission.

Il faut savoir dire la vérité sans flatterie, les commerçans ne sont pas des hommes à système, à parti, enfin des économistes.

M. Soufflot reproche avec raison au rapport un esprit de parti et de système des plus outrés et des opinions hazardées, mais il ne semble pas y appercevoir une vaine érudition, des recherches inutiles, une étude oiseuse, des compilations tronquées, des conceptions fausses, des erreurs, des mensonges, une jactance aussi frivole qu'elle est empreinte du sceau de la présomption et de l'orgueil les plus intolérables; enfin, il cherche à tirer parti, en faveur de son projet au gouvernement, de certains raisonnemens contenus dans ce rapport, comme s'il ne s'était pas apperçu que l'auteur n'a écrit que pour écrire.

Il demande à la chambre de lui pardonner une défense légitime, et comme effrayé de cette masse imposante de lumières dont elle est faite.

dit-il, sa tâche lui paraît excessivement difficile ; en ce qu'il a à combattre la pensée de tous ceux qui composent cette chambre.

C'est sans doute donner trop de poids et affecter trop d'importance pour un aussi futile travail, mais l'on ne peut voir dans cette terreur panique *de la masse imposante des lumières*, qu'une fleur de rhétorique pour donner de l'éclat au style.

Il aurait sans doute mieux fait de croire à ce qu'a dit le véritable auteur du rapport, que les membres de cette corporation ne s'occupent que de leurs propres affaires, et voir en même tems qu'ils n'ont pas daigné se donner la peine de prendre une délibération la plus simple sur ce rapport.

Rien ne constate réellement qu'ils en aient entendu la lecture, ni qu'ils en aient ordonné l'impression.

Une corporation ne peut pas conclure sans une délibération des membres qui la composent. Cette délibération est même pressentie et présagée à la fin du rapport ; on y lit : « c'est à vous, Messieurs, à » prendre dans votre sagesse la détermination que » vous croirez digne de vous. Votre approbation » sera la plus honorable récompense de notre » zèle. »

Eh bien ! on ne voit ni approbation ni détermination

mination quelconque. L'on peut donc considérer ce travail comme un enfant abandonné, que la corporation n'a pas même daigné reconnaître par la plus faible marque de bienveillance.

Ainsi toute cette dépense d'esprit, de politesse. et de galanterie envers la chambre, à l'égard de cet ouvrage est donc en pure perte.

Selon le langage de M. Soufflot sur son projet au gouvernement, il paraît croire qu'il renferme de grands avantages. Voici ce qu'il en dit, relativement à son système judiciaire.

« Le gouvernement recueillerait un avantage
» immense de ce système en diminuant les frais
» énormes de l'administration publique, en rédui-
» sant les dépenses excessives de l'ordre judiciaire,
» en diminuant le nombre des tribunaux, et aug-
» mentant celui des magistrats, en substituant des
» honneurs aux honoraires; la liberté publique y
» trouverait un grand appui; des cités, jadis flo-
» rissantes, y retrouveraient une population de-
» venue transfuge, et que de nouvelles institutions
» y rappelleraient. »

Malgré ce joli coup de pinceau, on doit voir qu'en réduisant les dépenses de l'ordre judiciaire à la charge du gouvernement, on augmenterait infa
failliblement les frais de justice à la charge des

justiciables , comme en éloignant d'eux les tribunaux par la diminution du nombre , on rendrait
encore les procès plus dispendieux.

A l'égard de la vénalité des charges de judicature , qu'ensuite il vante beaucoup , elle a de tout
tems été décriée.

Si j'étais républicain , je n'en voudrais point. Si
je servais un monarque , je n'en voudrais point.

M. de Maupeou a plus habilement servi Louis XV,
à cet égard , que MM. de Maurepas et de Miro-
ménil n'ont servi le faible Louis XVI.

Si François Ier. et Marie de Médicis ressusci-
taient , le premier s'appercevrait qu'il a fait un
présent funeste à sa postérité en établissant la vénalité des charges de magistratures ; et l'autre
qu'elle a eu grand tort de ne pas accéder à la demande inconsidérée des états - généraux de l'an
1615, de l'abolition de cette vénalité.

La politique des souverains consiste à réduire les
peuples à l'obéissance de leur autorité absolue.

Sans doute il est plus redoutable , à ce qu'on
appelle des sujets , que le choix des magistrats
dépende absolument du prince et de ses ministres,
que d'avoir des magistrats indépendans , et investis
d'un caractère vraiment indélébile. Mais dans la
situation actuelle de la France , je ne puis me ré-

soudre à croire que les vues de M. Soufflot soient proposables, ni que sa politique soit profonde.

Les noms célèbres qu'il présente, à l'appui de son système, auraient pu également exister, ainsi que d'autres, peut-être encore plus célèbres, sans cette vénalité. Mais enfin les institutions les plus absurdes n'ont-elles pas eu leurs grands hommes?

Dans l'état actuel des tribunaux, l'inamovibilité et les gages ne sont-ils donc pas tout à la fois des honneurs et des honoraires? N'a-t-on pas encore donné à ceux d'appel, criminel et de cassation le titre honorifique de cour? Quels sont donc les honneurs que le projet y substituerait? Est-ce le titre de nos seigneurs, le plus orgueilleux qu'on ait pu jusqu'alors imaginer pour humilier l'homme devant l'homme?

Prétendrait-il leur rétablir le pouvoir de sanctionner toutes les loix, ressusciter une sorte de gouvernement dans l'ordre judiciaire, et voir en cela, comme il le dit, un grand appui à la liberté publique? Mais il faudrait être dépourvu d'expérience, pour n'y pas appercevoir tout à la fois le danger de l'usurpation du pouvoir, et de l'anarchie dans le pouvoir.

Malgré l'avantage du contrepoids des parlemens à l'autorité souveraine, ils n'ont que trop souvent sacrifié l'intérêt public à leur orgueil **dans leurs** oppositions aux volontés du souverain.

Tout est disposé aujourd'hui pour éloigner le retour de ces corporations puissantes.

Nous sommes forcés, dans ce moment-ci plus-que jamais, d'avouer cette maxime d'état, que plus un empire est étendu, plus le pouvoir du souverain doit avoir d'énergie ; et c'est par cette raison que le pouvoir monarchique, où la volonté d'un seul homme meut à l'instant tous les ressorts de la force nationale, convient spécialement à de grands pays entourés de voisins jaloux et puissans, et par conséquent toujours exposés à leurs invasions, si les moyens de les repousser n'avaient toute la force qu'il est possible de leur donner.

Finalement nous avons besoin de bons juges, et non pas en eux de plus grands titres d'orgueil.

A l'égard des jurandes et maîtrises, autant le rapport à la chambre de Commerce est outré en injurieux reproches contre elles, autant M. Soufflot leur prodigue des éloges. Il les qualifie « d'u-
» tiles agrégations, véritable foyer de l'esprit na-
» tional, où le talent s'épuroit, où les mœurs
» s'adoucissaient, où la morale publique conser-
» vait, exerçait son empire, où la bienfaisance
» répandait sans éclat, mais avec discernement,

» d'utiles secours , où l'enfance malheureuse ob-
» tenait quelqu'appui , où l'infortune des veuves
» trouvait des consolations , d'autant plus pré-
» cieuses , qu'elles ne les humiliaient pas. Elles
» avaient , dit-il, un but moral , parce que , s'il
» importe peu à la société qu'un citoyen , qu'un
» enfant même soient trompés dans ce qu'ils
» achetent, ou dans ce qu'ils consomment , il
» n'est pas moins contraire aux mœurs et dange-
» reux pour la morale publique qu'ils puissent
» l'être. »

Ceci est par trop fort. Voilà comme il arrive
que pour vouloir trop prouver on ne prouve rien.
N'est-ce donc pas prodiguer des honneurs aux
jurandes et maîtrises qui ne leur appartiennent
pas, que de leur prêter l'avantage et la vertu d'empêcher qu'un citoyen, qu'un enfant même puissent
être trompés dans ce qu'ils achetent?

Quand bien même M. Soufflot, qui n'est sûrement pas un commerçant, emprunteroit *toutes les
masses imposantes de lumières* des chambres de
commerce de la France, pour rétablir les jurandes
et maîtrises sous des formes les plus perfectionnées, je le défie de mettre à exécution le sublime
projet qui tariferait les prix de toutes les marchandises, ou qui régenerait chaque profession, de

manière qu'un citoyen, qu'un enfant même ne puissent être trompés dans ce qu'ils achetent.

« Sans doute c'est abuser des mots et des choses que d'admettre dans la construction de ses phrases de fausses nuances qui dénaturent le mérite des expressions. Ceci s'applique à l'ouvrage entier de M. Soufflot.

« Pour relever encore le mérite des corporations, c'est-à-dire, de l'institution des jurandes et maîtrises, il en fait une pierre de l'édifice de l'ancien gouvernement, dont le déplacement téméraire aurait ébranlé la solidité; et il dit, je crois que leur suppression eût inévitablement avancé l'heure de la révolution.

« Écoutons-le encore dans ses discours à la chambre de commerce. « Qui de vous a oublié que M. » de Saint-Germain, par des réformes précipitées, » qui firent perdre au trône une partie de son éclat, » déconsidéra la royauté?

» M. Turgot qui voulait la suppression des ju-» randes, celle des corvées, était un homme de » bien, qui n'en a point fait dans son administra-» tion; son ministère fut plutôt celui des philoso-» phes et des économistes, que celui de la royauté; » et je ne crains pas d'assurer que M. de Saint-» Germain, M. Turgot et M. Necker, ont réel-

» lement précipité l'ancienne monarchie ; le pre-
» mier , par des réformes inconsidérées ; le
» deuxième par des suppressions irréfléchies ; le
» troisième , par des emprunts multipliés , qui, en
» facilitant les dépenses, ont grevé le trésor pu-
» blic d'une masse énorme d'intérêts annuels , et
» creusé *le déficit.* »

Ces causes supposées de la chûte de l'ancien gouvernement sont d'autant plus ridicules, qu'elles présentent des invraisemblances frappantes.

L'on a tant raisonné diversement sur les causes
de notre révolution , qu'on pourrait bien maintenant s'en tenir à l'opinion qui veut que les gouvernemens aient , ainsi que l'homme , leur enfance ,
leur âge viril , leur vieillesse ; ainsi que lui , ils
soient sujets à la mort , et éprouvent les longs tour-
mens qui l'annoncent et la précèdent. Ainsi que
l'homme , en venant au monde, apporte en lui-
même les causes inévitables de sa destruction ,
de même les gouvernemens recelent en leur sein
les causes de leur décadence.

On ne peut douter que cela ne vaille mieux que
cette nouvelle découverte de M. Soufflot. Je suis
obligé de donner quelques développemens à ces
phrases pour en faire bien remarquer les fausses
nuances, ou plutôt les faux exposés.

Ces réformes reprochées à M. de Saint-Germain, n'étaient d'aucune importance pour l'éclat du trône, ni pour la considération qui appartient à la royauté : elles consistent dans la suppression des régimens des mousquetaires, des gendarmes et des chevaux-légers qui faisaient partie de la maison militaire du roi. Ces régimens étaient en partie composés de nobles. Leur service auprès du roi était tout-à-fait insignifiant. Un ou deux hommes de chacun de ces corps paraissait journellement à la cour tout équipé; et dans les grandes cérémonies, un certain nombre faisait partie du cortége du roi concurremment avec les gardes-du-corps et autres.

Dans leurs voyages aux armées, ils avaient un grand train, une suite nombreuse de domestiques, beaucoup de bagages, dont il résultait de grands embarras pour les villes et tous les lieux où ils s'arrêtaient. Ils s'y faisaient redouter par la morgue et l'arrogance les plus outrées. J'ai oui dire à un maire, qu'il préférait voir dans sa ville loger trois mille hommes de troupes ordinaires que trois cents mousquetaires.

A Paris ils y étaient connus pour des tapageurs. J'ai des anecdotes sur leur compte, qui ne sont pas honorables.

M. de Saint-Germain était un vieux militaire

très-estimé, que j'ai vu retiré dans une très-simple maison du petit village de Loutrebac, près Mulhausen en Alsace, d'où il a été appelé au ministère de la guerre, et non à celui des finances, comme sembleraient le dire les phrases de M. Soufflot, dans lesquelles il l'accole indistinctement à MM. Turgot et Necker. C'était un homme extrêmement modeste, connu pour un bon militaire, capable d'apprécier le mérite et les inconvéniens du service de ces corps orgueilleux.

Ces réformes, faites environ quinze années avant la révolution, n'ont rien fait perdre à la cour de son brillant. Le roi, dans les grandes cérémonies, était escorté, dans sa marche, des grands officiers de sa couronne; il avait, pour sa garde et suite, les régimens des Gardes - Françaises et des Suisses; les Gardes-du-Corps, les Cent-Suisses, les Gardes-de-la-Prévôté, des Hoquetons, des Gardes-de-la-Porte, de la Maréchaussée, des écuyers et piqueurs de toutes espèces, des pages, des valets de pied, des palfreniers, enfin les grandes-veneries, fauconneries, etc. Avec un tel cortége, on peut juger si le trône avait perdu son éclat.

Si M. Soufflot était moins jeune, et qu'il eût été le témoin de l'effet que produisit cette réforme dans le public, il saurait qu'il y a d'autant plus applaudi, qu'il ne voyait ces régimens que comme des chevaux de parade, tout à fait superflus à l'éclat du trône, et dont la fougue était nuisible à la bonne société.

Il faut convenir que toutes ces expressions *de réformes précipitées, qui firent perdre au trône une partie de son éclat, déconsidéra la royauté, et qui ont précipité l'ancienne monarchie,* forment une élocution d'autant plus vicieuse que cela ne présente pas la moindre vraisemblance.

A l'égard de M. Turgot, je n'ai qu'une très-simple observation à faire; c'est que les suppressions irréfléchies qu'a faites ce ministre passager, ont été rétablies presqu'au même moment qu'elles ont été faites.

Dès-lorsque M. Soufflot dit lui-même que *si la suppression des jurandes et maîtrises avait eu lieu, cela aurait inévitablement avancé l'heure de la révolution.* N'est-ce pas reconnaître que cette suppression momentanée de M. Turgot a été sans effet, et qu'elle est tout-à-fait indifférente à la révolution, et que par conséquent cela n'a pas précipité l'ancienne monarchie comme il l'écrit frivolement?

Quant au reproche fait à M. Necker des emprunts multipliés qui, en facilitant les dépenses, ont grevé le trésor public d'une masse énorme d'intérêts annuels et creusé le déficit; je ne puis me

dispenser d'entrer dans une discussion un peu étendue à cet égard, pour rétablir les talens et les vertus dans leurs prérogatives, et rendre au grand
homme d'état, si justement admiré des nations
commerçantes, de qui il est mieux connu que des
Français, cette gloire à jamais durable dont son génie s'est environné.

D'ailleurs, il est très-important de ne pas laisser les esprits dans l'incertitude sur le sens équivoque des mots, comme sur des expressions abusives dont on forme indistinctement des phrases,
sans réfléchir sur les véritables caractères du bien
et du mal.

Dans le court espace des deux premières années
et demie du règne de Louis XVI, M. Necker
était déja le cinquième ministre des finances, et
par les cinq années environ qu'il a occupé cette
grande place, on voit qu'il est le seul qui l'ait tenue aussi long-tems sous ce règne malheureux.

La fortune qu'il avait honorablement acquise par
son travail dans ses opérations de banque et de
finance, de laquelle ressortait une grande réputation de probité et de lumière, fit naître dans l'opinion publique l'espoir du rétablissement de l'ordre
dans les finances de l'état, et de voir fleurir le commerce et les arts utiles.

Non seulement il refusa les émolumens attachés à sa place, mais encore il ne voulut recevoir aucun des présens d'usage des compagnies de finance, ni aucuns de ces pots-de-vin, tolérés par abus, dont ses prédécesseurs faisaient leurs profits.

M. Necker ne peut pas être confondu avec ces hommes qui affectent de grands principes de délicatesse, qu'ils ne savent point mettre en pratique. Il a donné des preuves non équivoques dans toutes ses actions de cette exacte probité que la plupart de nos discoureurs ne voyent que comme un être de raison, ou plutôt comme une vertu impossible.

Il a administré sagement et avec une connaissance certaine sa place. Il a été le premier qui ait su rendre compte publiquement de son administration, et aussi qui ait tracé par écrit des élémens d'ordre et d'économie publics, faits pour servir de modèle et de méditation à tous les hommes qui veulent s'instruire dans cet art si difficile.

Loin d'avoir jamais fait aucune acquisition, aucune vente, aucun échange, aucun bail, aucune opération de finance pour le roi, dans lesquels il se soit réservé quelqu'intérêt, il a au contraire sans cesse formé des plans économiques d'amélioration, il a opposé une ferme résistance à toutes les dilapidations, et sur-tout à ces faveurs et libéralités dont les courtisans avaient tant abusés. Il a eu le courage de dévoiler au roi les abus destructeurs de la fortune publique, il a employé sévèrement tous les moyens de les faire cesser, et toute sa récompense consistait dans le bien général qu'il en devait résulter.

Jusqu'à lui on a cru que l'emprunt ne pouvait s'acquitter que par l'impôt ; il a su emprunter sans imposer.

Plein de confiance dans les bonnes intentions du Roi, il a raisonnablement cru pouvoir asseoir des emprunts sur des réformes, des bonifications, des augmentations de recette, et enfin sur des économies qui en balançaient les intérêts. Par ce moyen il a épargné au peuple une surcharge d'impôts nouveaux. Rien n'était plus sage et plus louable sous tous les rapports, et ce bon système de finance a eu l'assentiment de tous les hommes véritablement éclairés et probes. Payer ses dettes avec des économies, disait-on, c'est le système d'un sage.

La confiance qu'inspirait son administration, facilitait beaucoup ces emprunts ; l'on n'en a jamais fait à un taux plus favorable à l'état, et jamais aussi l'on n'a vu autant d'empressement à porter son argent au trésor royal.

Il est résulté du compte exact qa'a rendu M. Necker à la fin de décembre 1780, que ses emprunts s'élevaient à 440 millions, et que la recette ordinaire surpassait la dépense ordinaire de dix millions. Il est démontré par des calculs exacts, que les revenus du Roi de 1775 à 1781 ont augmenté de 60,650,825 livres.

Le Roi, comme ses trois prédécesseurs, méconnaissant cette vraie philosophie, riche de tous les sentimens de justice et d'humanité si nécessaires à la prospérité du genre humain, et qui s'élève au-dessus des préjugés, pensa qu'un protestant ne pouvait pas siéger dans son conseil d'état composé uniquement de catholiques ; il n'y admit pas M. Necker.

- Alors cet administrateur, obligé d'y produire par écrit le travail de son immense département, avait d'autant plus d'ouvrage, qu'il avait à pressentir des objections plus ou moins fondées, dont sa présence l'aurait souvent affranchi. Fort de ses grands moyens et de son exactitude incomparable, il dévançait toujours les devoirs de sa place.

Il a prouvé avec ponctualité l'emploi de ses emprunts. Il a éteint 203 millions de dettes arriérées et exigibles dès le premier janvier 1776, suivant les calculs faits par son prédécesseur M. de Clugny, et il a supporté le poids d'une guerre maritime qui a occasionné des dépenses énormes et alors tout-à-fait incalculables.

Étonné de l'énormité de ces dépenses , qui grossissaient chaque jour d'une manière effrayante, et qui épuisaient continuellement le trésor royal , il remit un mémoire au Roi , tendant à établir un nouvel ordre régulier dans la comptabilité du département de la marine ; et à ce que le ministre produisît au Roi et à son conseil, l'état exact et détaillé de l'emploi des fonds , sans quoi , disait-il , il serait impossible de maintenir l'ordre qui doit régner dans les finances de l'état.

L'amour-propre de M. de Sartine , ministre de la marine , fut blessé de cette demande énergique , et il ne dissimula pas au Roi son dessein d'abandonner son ministère si M. Necker restait en place.

Le roi qui avait de l'attachement pour M. de Sartine , fut incertain dans le parti qu'il avait à prendre. Il se transporta de Versailles à Paris chez M. de Maurepas qui était malade , pour lui demander ses conseils à cet égard. Ce premier ministre dit au roi qu'il pouvait remplacer M. de Sartine , mais qu'il n'en était pas de même de M. Necker ; en conséquence M. de Sartine eut sa retraite sur le champ.

Les dettes de la guerre , soit en Amérique, soit dans l'Inde , obligèrent encore M. Necker à faire quatre-vingt-dix millions d'emprunt viager , en février et mars 1781. Il ne se doutait pas qu'il fût aussi près du terme de sa carrière ministérielle.

« Son inflexibilité dans ses principes d'économie sévère lui suscitait des ennemis à la cour, et il n'éprouvait que trop souvent des contrariétés et des retards dans les décisions du conseil des finances. Il avait des plans d'une haute importanee à y présenter, et essentiellement ceux relatifs à des changemens dans l'administration du commerce. Il démontra dans un mémoire au roi la nécessité absolue d'être admis dans son conseil d'état, et d'y être présent à la discussion de ses projets.

« L'envie sut interpréter contre lui cette démarche bien fondée, en alléguant qu'on ne voyait en cela que l'orgueil de s'asseoir à côté du roi. Ce sot propos s'est débité par ses ennemis aussi-tôt sa retraite de laquelle gémirent tous les honnêtes gens.

« Maintenant examinons rapidement ce qui s'est fait par ses successeurs, pour juger si ce ne sont pas eux et notamment le déprédateur de Calonne qu'on pourrait accuser d'avoir précipité l'ancienne monarchie.

« M. Joly de Fleury, conseiller d'état, qui succéda à M. Neckèr, au mois de mai 1781, dans l'administration des finances, n'eut aucun des titres qui appartenaient à cette place, soit de contrôleur
général,

général, ou de directeur des finances. Il parut d'abord ne se charger du porte-feuille que par *interim*, comme il le disait lui-même, en avouant modestement qu'il n'était pas en état de remplacer M. Necker.

Quoique le trésor royal fût laissé par M. Necker bien muni d'argent, M. de Fleury débuta par mettre les noveaux impôts de 2 sols pour livres et le troisième-vingtième, qui ont rendu jusqu'au premier janvier 1787, au-delà de cinquante millions par an. En outre il a fait des emprunts pour 233 millions.

Après lui, M. Dormesson, qui a eu le titre de contrôleur général, a emprunté 24 millions.

M. de Calonne après avoir dissipé sa fortune et fait des dettes personnelles très-considérables dans la place d'intendant de province, où tous ses confrères s'enrichissaient , a , sans aucun talent en finances, été porté, à force d'intrigues, à la place de contrôleur général des finances, qu'il a malheureusement tenue trois ans et quatre mois.

Il a fait des emprunts, selon sa propre déclaration , pour 653 millions. Ainsi voilà donc 910 millions d'emprunt faits par les trois successeurs de M. Necker, indépendamment des nouveaux impôts, des augmentations sur les fermes

M

ét régies , et d'autres objets qui ont produit une augmentation dans les revenus du roi , depuis 1781 à 1787 , de 72 millions par an , ce qui couvrait , et au-delà , l'intérêt des emprunts.

Quel a été enfin le résultat de tous ces produits ? C'est qu'au lieu que la recette excèda la dépense , comme cela était à la fin du règne de M. Necker, la dépense excédait la recette de 90 millions à la fin du règne de M. de Calonne.

Qui pourrait jamais croire que ce grand déprédateur ait eu l'audace de dire dans un de ses édits de 1785 : *Que tous les engagemens avaient été acquittés*; *que l'entier acquit devait être consommé dans le courant de* 1786 , et qu'ensuite en 1787 à l'assemblée des notables, il ait annoncé un déficit de 115 millions , en disant que 80 millions n'étaient pas de son fait, et qu'il ne s'en était apperçu qu'en 1786 ?

Y eût-il jamais aucun homme capable de concevoir plus d'effronterie ?

Il avait lu le compte rendu par M. Necker, il avait vu que les dettes extraordinaires de la guerre étaient diminuées graduellement sous ses prédécesseurs , que les empruns avaient diminué en proportion , et s'étaient réduits sous M. Dormesson à 24 millions ; il avait lui-même emprunté à lui seul, en pleine paix, presqu'autant que ses trois prédécesseurs en tems de guerre ; comme administrateur des finances, il devait avoir tout vu et tout connaître, et il ose feindre d'avoir ignoré pendant les trois premières années de son ministère un déficit de 80 millions. Enfin c'est après avoir creusé un précipice affreux par ses dilapidations qu'il croit sortir d'affaire par des impudens mensonges.

Dans ses édits de 1783, 1784, 1785, il tient un langage fait pour inspirer la plus grande confiance, et ensuite il ose déclarer indirectement qu'il n'a été qu'un charlatan, qui cherchait à surprendre cette confiance sans connaître un déficit énorme, qu'il n'a apperçu que dans la troisième année de son ministère.

Par les prétendus éclaircissemens qu'il a voulu donner avant et depuis sa fuite en Angleterre, pour colorer d'une apparence de vérité ses mensonges absurdes, il s'est tellement contredit et abandonné à de telles confusions et subtilités, qu'il est aussi impossible de le comprendre, qu'à lui de débrouiller le cahos de ses faux calculs.

Indépendamment de tous ses emprunts énormes, il a abusé de l'extension d'un emprunt de l'année 1782 par des bordereaux antidatés, qu'il a fait négocier sur la place jusque vers la fin de sa carrière ministérielle, qui s'élèvent à 36,300,000 liv. Il a fait revivre des charges éteintes qui ont produit trente millions; il a fait refondre les monnoies dont le bénéfice considérable n'est pas avoué par lui; mais ce qu'il y a de bien avéré, c'est qu'il a empoché à son profit particulier deux millions sur une réduction imperceptible du titre des louis.

Ce qui doit paraître tout-à-fait inconcevable, c'est qu'il ait osé ne pas faire mention dans ses comptes des vingt millions du prêt des receveurs-généraux, des dix-huit millions de don du clergé, des trente millions des bénéfices des fermes et régies, de douze millions des nouveaux billets des domaines, de douze millions de ceux de la régie, de douze millions de ceux de la ferme générale, de sept millions cinq cent mille livres de la vente du château Trompette (1), (pour laquelle une de ses favorites a eu des acquéreurs cent mille écus de pot-de-vin) huit millions de la vente de l'arsenal de Marseille, trois millions de l'abonnement du comté d'Auxerre.

Qu'a-t-il donc fait de toutes ces sommes qui s'é-

---

(1) Il a voulu faire croire que c'était avec cette somme qu'il avait payé Saint-Cloud; mais on sait que c'est avec des bordereaux anti-datés de l'emprunt de 1782.

lèvent ensemble à 122,500,000 liv. ? On ne sait ni ce qu'elles sont devenues, ni à quoi il les a employées.

Pour couvrir l'abus qu'il a fait des fonds de l'état, il s'est permis une étrange manière de compter avec le roi. Il faut l'entendre pour croire à l'impudente légèreté avec laquelle il ose l'abuser, et en même tems insulter à la crédulité publique.

Voici comment il s'exprime dans son mémoire justificatif au roi, qui a été publié.

« Je renseigne l'emploi de 653 millions d'em-
» prunts par 659 millions d'acquittement des dettes
» ou de dépenses extraordinaires, dont je viens
» de rappeler les articles à votre majesté ».

Ainsi il paraîtrait faire un cadeau au roi de six millions ; mais poursuivons, on verra combien il a fait de miracles.

« Je n'y ai pas compté, dit-il, le prix des acqui-
» sitions qu'elle a jugé à propos de faire, et que
» j'ai tâché de solder par des moyens peu onéreux
» au trésor royal, ou de couvrir par des bénéfices
« qu'il ne serait pas injuste d'attribuer à mes soins.

» Je n'y ai pas compté les 8,460,000 liv. versés
» à la caisse d'amortissement en 1785 et 1786, en
» vertu de l'édit de 1784 ; quoique les fonds con-

M 3

» sacrés à cet important établissement soient un sur-
» croît à la dépense annuelle.

» Je n'y ai pas compté ce qu'ont couté les se-
» cours, les indemnités, les soulagemens de toute
» espèce que votre majesté a versés sur son peuple
» pendant les rigueurs de l'année 1784, pendant
» la sécheresse de 1785, et lorsque diverses cala-
» mités qui, depuis trois ans, ont désolé plusieurs
» de vos provinces.

» Enfin, je n'y ai pas compté les travaux entre-
» pris de toutes parts en faveur de l'agriculture,
» les encouragemens de tous genres accordés au
» commerce et aux arts, les avances considérables
» faites à plusieurs établissemens utiles, les sacri-
» fices des droits onéreux et nuisibles à l'exporta-
» tion des productions nationales ».

A la suite de ce bel étalage de son sçavoir faire, il
s'abandonne à des louanges amphatiques sur son
administration, ses vertus et grands talens en
finance, qui sont tout-à-fait révoltantes.

Cette marche nouvelle de M. de Calonne dans la
comptabilité, était jusqu'alors inconnue.

Il ose dérober aux regards de grandes recettes
pour masquer ses prodigalités en tous genres, et
encore il a l'audace de se faire des brevets d'honneur de certaines dépenses, pour ne les pas avoir

employés dans ses comptes. N'ai-je donc pas raison de dire qu'il n'y eut jamais aucun homme capable de concevoir plus d'effronterie ?

Il est aisé de voir qu'il n'avait que ce moyen d'opérer pour faire perdre la trace de ses pas et des calculs de ses déprédations.

Lorsqu'on lui entend dire dans le deuxième paragraphe ci-dessus : *Qu'il a tâché de solder par des moyens peu onéreux au trésor royal*, on doit croire au contraire que cela a coûté très-cher dès-lors qu'il ne les fait pas connaître.

Quels sont donc aussi ces bénéfices attribuables à ses soins, avec lesquels il dit avoir su couvrir le prix de ses acquisitions?

Peut-on tenir un langage plus entortillé et plus vague ? Quand on n'est pas pénétré de ce qu'on écrit, il y a toujours une certaine incohérence dans le langage qui est le correctif de l'égarement.

Il y a dans M. de Calonne beaucoup de similitude avec certains écrivains d'aujourd'hui, qui croyent qu'il suffit de savoir écrire pour donner la vie à tout ce qu'on exprime.

Il est déjà facile de voir par ce simple exposé que les comptes de M. de Calonne étaient dans le plus grand désordre.

« En jettant un coup-d'œil sur quelques-unes de ses dilapidations qui ont percé le voile dont il savait les couvrir, on voit qu'à son avénement au contrôle général, pour acquitter ses dettes dans son intendance de Flandres, où il avait épuisé son crédit depuis long-tems, il débuta par accorder pour neuf années au sieur Schoubeck, son ami, dans ce pays, la régie des droits sur les consommations, appelée la régie des droits des quatre membres, pour un prix inférieur de cent mille livres au moins par chaque année, à celui que le roi percevait par la régie générale. Il y eut un pot-de-vin de cent cinquante mille francs pour le nouveau contrôleur général, et un intérêt dans cet affaire.

Il a fait faire au roi un échange avec M. d'Espagnac pour le Comté de Sancerre, qui a valu à celui-ci quatre à cinq fois la valeur de son objet, et pour la part du ministre, dans ce marché, il s'est fait céder le marqnisat d'Hatton.

Il a fait donner au roi 21 pour 1 dans l'acquisision qu'il lui a fait faire de la co-seignerrie de l'île de Rhé.

Il a fait échanger la baronie et les bois de Viviers en faveur de son neveu M. Fouquet, pour sa vicomté d'Auvillars, d'où résulte une différence au désavantage du Roi, d'un million cinq cent quatre-vingt-dix mille livres.

Il faisait payer des pensions sur sa simple signature et sans aucuns bons du Roi, par les caisses des fermes, des régies, des parties casuelles, des domaines ; il n'en parlait point et ne comptait que celles payées sur le trésor royal.

De même il faisait payer sur la caisse de la ferme les frais énormes de construction de ces espèces de forteresses à colonnes des nouvelles barrières de Paris, faites par sa propre autorité ; cela montait déja à environ vingt millions lorsque ce ministre a été congédié.

Il a avoué avoir fait remettre onze millions cinq cent mille livres à une compagnie d'agioteurs, tels que Senef et consorts, pour soutenir le cours des actions des eaux et des Indes ; effets dont la valeur était absolument éventuelle, et aussi un million à un banquier, pour fortifier le cours de l'emprunt de cent vingt-cinq millions, desquelles deux sommes il n'est jamais rien rentré dans les coffres du Roi.

Il est bien avéré que M. de Calonne faisait l'agiotage, et jouait à la hausse des valeurs fictives des eaux et des Indes, et que, par ce jeu funeste, il dérangeait le cours des effets royaux. Mais l'on sait aussi qu'en volant l'état, il calcu-

foit et dirigeait très-gauchement son jeu à la
bourse.

Ceci n'est qu'une faible esquisse des dérégle-
mens de ce déprédateur, qui a donné à pleines
mains à ses protecteurs, aux courtisans, aux intrigans, à ses amis, à ses parens, à ses maîtresses
et enfin à toutes ses créatures.

Le duc de Polignac et son épouse, des plus
en faveur à la cour, qui n'avaient pas vingt mille
livres de rente en se mariant, avaient, avant la
révolution, fait commencer la construction d'un
château à Claye, où travaillaient journellement
huit cens ouvriers, qui aurait coûté plus de
quatre millions. Qu'on juge donc de ce qu'ils
avaient amassé pendant le cours de la prodigue
administration de celui qu'ils avaient fait parvenir
à la place de contrôleur général, malgré la mauvaise réputation dont il était déjà entaché.

Après qu'il eut épuisé toutes les ressources,
anéanti le crédit public, et bouleversé tous les
principes d'ordre, il convoque les notables, et,
dans leur assemblée, il déploye la ruse, le mensonge et l'audace, pour forcer les impôts.

Alors ce n'était plus le même langage de ses
trois édits de décembre 1783, d'août 1784, et de
décembre 1785, dans lesquels on voit évidem-

ment que le déficit n'existait pas d'un sol, ni à la fin du ministère de M. Neker, ni à la fin de celui de M. d'Ormesson.

Il annonce aux notables, qu'après avoir merveilleusement conduit les finances du Royaume, il croit avoir apperçu un déficit de 80 millions, peut-être de 90, peut-être de 100, peut-être de 115.

L'incertitude que présentaient ces expressions, a soulevé l'assemblée.

Il a raisonné autrement ensuite ; mais quoique pour la satisfaction des fourbes, *verba volant*, son discours a été recueilli, et cela est constaté de toutes parts.

M. Linguet, dans le N°. 97 de ses annales, a dit, « tout d'un coup, et sans préliminaire, la
» nation se trouve convoquée : on en annonce
» l'assemblée, non pas sous cette forme antique
» et consacrée, qui, en ajoutant à l'éclat exté-
» rieur du trône, *peut en gêner les confidens in-*
» *times* , mais avec un appareil modifié , qui
» devait en réduire les représentans à n'être que
» les témoins passifs, et les appuis forcés *d'un*
» *plan déja concerté et résolu sans eux.*

» Alors on découvre subitement à leurs yeux
» un abîme immense, inconnu, où la nation

» elle-même est près de tomber : on leur déclare
» qu'il faut le combler sur le champ : on leur en
» présente les moyens : on insiste sur la nécessité
» d'une obéissance empressée de leur part, qui
» doit devenir une contrainte pour la nation ; et
» ce qui est inconcevable, en leur enjoignant de
» combler le gouffre, on leur défend d'en cons-
» tater la profondeur : et ce qui est plus incon-
» cevable encore, *la mesure de cette profondeur*
» *varie dans la bouche de l'architecte qui pré-*
» *sente les plans nécessaires, suivant lui, pour*
» *la remplir.*

Les intentions désastreuses de M. de Calonne
se manifestaient dans ses variations sur la mesure
du déficit ; il se croyait assez fort pour la faire
remplir selon l'étendue qu'il jugerait à propos
de lui donner ; mais sa présomption audacieuse
a été punie par son renvoi, et encore mieux par
son expatriation, dans laquelle seule était son
salut, d'après la découverte de ses forfaits.

Après sa fuite en Angleterre, il a fait des mémoires justificatifs à sa manière, dont le méca-
nisme tendait à éblouir le public, et à prêter de
la consistance aux intrigues de cour sur lesquelles
il fondait encore ses meilleures espérances.

Il m'a adressé de Londres le premier envoi

de ses memoires en une caisse, desquels l'impression et la reliure étaient magnifiques. J'en ai fait la remise à Madame veuve Micault d'Harvelay, qui habitait alors une jolie petite maison rue du faubourg S. Honoré, à peu de distance de celle Baujon. Cette Dame, alors âgée d'environ 50 ans, qui portait encore le deuil de son veuvage, et qui devait distribuer ces mémoires destinés pour la cour, m'exprima son admiration pour cet homme superficiel, comme si c'eût été le plus grand génie et le plus grand homme d'état qu'eût jamais possédé la France. Son illusion lui a couté trop cher pour la lui reprocher aujourd'hui. Je n'en dirai pas davantage à son sujet.

Sitôt que je fus débarrassé de ce premier envoi, j'écrivis à M. John Wiat, l'un de mes correspondans à Londres, de dire à M. de Calonne, qui lui avait délivré cette caisse, que je n'en voulais point recevoir d'autres absolument. J'ajoutai, » vous pouvez aussi lui dire de ma part » que tous les frais qu'il fait présentement, pour » conquérir une réputation qui lui a de tous tems » échappé, sont en pure perte. « Depuis, il n'a plus été question de lui à mon égard d'aucune manière.

Je suis forcé d'abréger tout ce que j'aurais à

dire sur les dommages incalculables résultant des prodigalités, des inconséquences, des légéretés, des fausses combinaisons, et enfin de l'absence de la probité de M. de Calonne.

Les hommes éclairés et de bonne foi conviendront que le déficit est tout entier dans cet homme immoral, et que c'est lui qu'on pourrait raisonnablement accuser d'avoir entraîné dans l'abîme l'ancien gouvernement.

Autant M. Necker était doué des vertus destinées au bonheur du genre humain, autant M. de Calonne n'était que vice et perversité.

Je n'entrerai pas dans le détail de ce qui s'est passé relativement au rappel de M. Necker à la voix du peuple, qui le considérait comme l'ange tutélaire de la France, puisque M. Soufflot ne l'a témérairement accusé que sur ses emprunts.

Au retour de ce grand homme, qui avait essayé d'entretenir et de réparer le vieil édifice, il s'est vu forcé d'en construire un plus solide et plus durable, par la convocation des états généraux.

Il ne pouvait pas prévoir le bouleversement que la tempête des passions, et le choc des événemens ont produits ; on est forcé d'y reconnaître une force indépendante de tout pouvoir humain.

Quoique la révolution soit aujourd'hui un champ de bataille du déraisonnement, il était impossible de présumer qu'on pût se permettre d'accuser publiquement M. Necker d'être le vrai coupable du déficit qui l'a occasionné, à moins qu'il ne soit vrai qu'il y ait des gens qui ne savent pas écrire et réfléchir à la fois.

Que M. Soufflot sache donc que faciliter des dépenses *nécessaires* et *indispensables* par des emprunts dont on compense les intérêts par des bonifications qui les acquittent, il n'y a point en cela de déficit, puisque cela ne dérange pas la balance de la recette et de la dépense.

Donc on ne peut pas voir sainement dans les emprunts faits par M. Necker, les prétendus fautes dont M. Soufflot l'accuse dans sa phrase sans les indiquer ; et très-certainement on ne les appercevrait pas lors même qu'il les indiquerait.

Il est si commode de condamner un homme à grands talens par une seule phrase ! on a l'air d'entendre celui qu'on juge, et cela vous donne, aux yeux du vulgaire, un grand air de supériorité,

Revenons aux jurandes et maîtrises, dont M. Soufflot veut absolument le rétablissement, et nous verrons encore qu'il sait aussi allier à des erreurs, des exagérations pour faire goûter son projet.

« Quoiqu'il soutienne » que le désordre des pa- » tentes a déconsidéré chez l'étranger nos arts et » nos ouvrages fabriqués, que leur exportation » a sensiblement diminué, et qu'il paraisse pen- » ser que cela a produit la liberté des noirs, le » massacre des blancs et la perte d'une partie de » nos colonies, etc. « je regarde cela comme un rêve.

Nos patentes, comme nos jurandes, sont aussi indifférentes aux étrangers, qu'elles sont étrangères aux noirs et à nos colonies.

Ce raisonnement, qui fait la matière de deux très-longues phrases, dans lesquelles il est encore question de nos prétendus démagogues salariés par l'Angleterre, aurait mieux convenu à la tribune des réunions qu'on appellait contre-révolutionnaires, que dans la *défense légitime* de M. Soufflot.

« Lyon, Tours, Nîmes, dit-il, et tant d'autres » cités jadis si florissantes, n'ont-elles pas perdu » presque tout leur commerce industriel, les unes » par la mobilité de nos modes et de nos goûts, » les autres par les changemens survenus dans » nos ameublemens, dans nos habitudes, et

» presque

» presque dans nos mœurs ? Voilà, Messieurs,
» ce qu'il est urgent de réédifier. «

On peut lui répondre avec assurance, qu'il
n'y a rien à cet égard à réédifier, puisque cela
n'a pas encore existé.

Où a-t'il donc pu voir que les jurandes et maîtrises ayent jamais réglé ou fixé nos modes et
nos goûts ? qu'il tourne son projet comme il l'en-
tendra, bien certainement il ne les empêchera
pas de varier selon leur élément.

Maîtriser les modes et les goûts me paraît être
une entreprise ou magique ou barbare.

J'avoue que je ne trouve pas *sa défense* aussi
légitime qu'il le prétend ; et sans doute il ne veut
pas qu'on lui dise, vous êtes orfévre, M. Josse.

Ne pourrait-on pas lui rétorquer une de ses
phrases si bien fondues contre Messieurs de la
chambre de Commerce ? *C'est ainsi que l'esprit
prend quelquefois dans les matières les plus sérieuses la place du jugement.*

Il répond à des argumens de Messieurs de la
chambre de Commerce, en disant : « Le brevet
» de marchand ou de maître est l'autorisation
» donnée par le prince, d'exercer une profession
» ou un métier : il me semble que ce brevet peut

» être assimilé à un titre de finance, et comme
» tel, sujet à un cautionnement, qui, dès-lors,
» doit porter intérêt.

» Que l'opinion le considère ensuite, ou comme
» un prêt forcé, ou comme un emprunt déguisé,
» le résultat n'en sera pas moins utile à l'état, à
» qui il procure un moyen d'amortir une partie
» de la dette publique, et d'autre part, il n'est pas
» onéreux au breveté dès que son capital porte in-
» térêt. Ce brevet sera un titre de propriété pour
» le pourvu, et dès-lors une garantie de plus pour
» le public; car le breveté tiendra davantage à
» l'honneur comme à la nature de sa profession.
» Je dis plus, ce brevet sera pour lui, sinon un
» moyen de fortune, au moins un supplément de
» crédit. » Plus loin il dit encore: « A l'instar des
» cautionnemens, ces brevets porteront intérêt,
» et dès-lors ils deviendront un titre patent pour
» emprunter. »

Ce systême de finance, quoique nouveau, dans
l'espèce, n'en est pas meilleur. Les arts et métiers
ne présentent pas de similitude avec les avoués,
les huissiers, les notaires, etc. auxquels M. Soufflot assimile leurs corporations; et leurs brevets ne
peuvent avoir, comme il le prétend explicitement,
aucune ressemblance de garantie avec un titre de

finance, qui, par sa nature, nécessité un cautionnement.

L'on n'a pas encore vu que des brevets de jurandes et maîtrises aient porté intérêts, et je ne sais pas comment le résultat serait si utile à l'état par ce moyen qu'il procurerait d'amortir une partie de la dette publique, dès-lors que ce brevet recevrait l'intérêt de sa finance. N'est-ce donc pas éteindre une rente ancienne pour en créer une nouvelle ? S'il y a du bénéfice à racheter des cinq pour cent consolidés, n'y a-t-il donc pas des frais pour servir ces nouvelles rentes , et des embarras très-onéreux dans leurs constitutions, ainsi que dans leurs paiemens multiformes dans l'universalité des communes de la France ?

Mais ces brevets qui deviendront un titre patent pour emprunter, seront donc transmutables à volonté , aussi saisissable , et par conséquent le titulaire destituable, *ad nutum.*

On pourra donc se produire dans les diverses corporations sans aucuns fonds propres et personnels.

On pourra donc aussi exercer une profession avec un titre qui sera dans la poche d'un prêteur, sinon au moins qui lui appartiendra , en vertu d'un acte particulier.

Si l'on assujettit le titulaire à représenter aux syndics ou autres surveillans, son brevet pour être certain qu'il en est toujours propriétaire et en droit d'exercer sa profession, alors la faculté d'emprunter est illusoire.

Celui qui aura prêté, pourra donc devenir propriétaire du titre, exercer la profession, ou en vendre le droit à qui, et quand il lui plaira pour se rembourser de son prêt ; et si cette faculté était limitée ou assujettie à des formalités coûteuses ou gênantes, il en résulterait une perte pour le titulaire, et souvent, sans doute, des procès à la suite.

Peut-être l'auteur de ce systême entend t-il que ces brevets soient des effets au porteur, au moyen d'un simple transport ; alors la corporation est illusoire, et sans aucune consistance ; la bourse et les places publiques deviendraient les marchés des brevets de jurandes et maîtrises, et, à coup-sûr, cette sorte d'effet n'y jouerait pas un beau rôle.

Encore une fois, un particulier qui exerce dans sa maison isolément sa profession, ne peut pas être assimilé à un homme attaché à une compagnie de finance ou de judicature, ni son titre avoir de la similitude avec celui d'un fonctionnaire public quelconque.

D'ailleurs on ne doit pas perdre de vue la nécessité de réduire le nombre de ces membres parasites, qui, dépourvus des facultés nécessaires, nuisent véritablement aux progrès des arts utiles et du commerce.

Enfin cela présente une telle multitude d'inconvéniens, et il y a tant de choses à ajouter, à ce que j'ai dit, que ce serait profaner la raison que de l'employer à prouver que cela est inadmissible.

Ces propositions insolites de M. Soufflot ne s'accordent guère avec mon plan d'organisation des patentes. Nous sommes bien loin de compte, car tant s'en faut que j'admette le paiement des intérêts de la finance et la faculté d'emprunter, qu'au contraire j'ai la prétention d'établir la main-mortabilité et encore le paiement à l'état, par le patenté, d'un tribut annuel d'industrie.

Lorsque ce rusé financier, né des épices du palais (1), disait, dans le tems, de la suppression des jurandes, que M. Turgot avait préparé une belle opération à son successeur, très-certainement il ne la calculait pas comme M. Soufflot. S'il

____

(1) L'abbé Terray était le conseiller-rapporteur au parlement de Paris le plus occupé, lorsqu'on l'a fait contrôleur général des finances. Les arrêts de sa façon, ainsi que ceux de M. Titon, avaient la réputation d'être les mieux épicés.

pouvait entendre les propositions de ce nouveau financier, il le traiterait, si ce n'est d'hérésiarque, au moins d'anti-financier.

A l'égard de cette garantie pour le public inventée par M. Soufflot, elle est tout-à-fait imaginaire, et raisonnablement on ne doit pas croire, comme il le veut, que son brevet ait plus d'honneur que la patente; car, soit qu'on dénomme le titre, brevet, patente, ou licence, cela revient toujours au même, et par conséquent cela est très-indifférent.

Quant à la fortune et au crédit, ils marchent ensemble; dans le commerce comme dans toutes les classes industrielles, on regarde comme un argent mort celui dont on n'est plus le maître de disposer d'aucune manière; ainsi, dès-lorsque le bréveté ne peut pas exercer sans son titre, il n'y a en cela pas plus *de supplément de crédit que de fortune.*

Tous ces faibles raisonnemens hyperboliques ne mènent à rien. Pourquoi donc perdre un tems précieux en vains éloges d'un projet tout aussi mort-né que le code industriel de la chambre de commerce, que M. Soufflot dit, fort plaisamment, devoir être *en un gros registre formé d'une ou deux rames de papier blanc ?* N'est-ce donc pas aussi écrire sans penser à ce qu'on écrit?

Il prétend que « les étoffes en laine et coton, et

» une foule d'autres ouvrages manufacturés doi-
» vent avoir une garantie, non pas seulement dans
» le poids, dans la mesure, ou dans la qualité,
» mais dans la marque si souvent contrefaite, et
» dès-lors si fatale aux habiles fabricans.

» *C'est ce vice*, dit-il, *que les corporations seules*
» *pourront corriger et réprimer* ; car c'est dans *la*
» *détérioration des qualités* et *l'altération* des mé-
» taux et *matières*, que consiste le bon marché
» d'une foule d'objets qu'un manufacturier habile
» ou inventeur ne peut livrer au même prix. Voilà
» ce qui *désapointe* uue foule de fabriques natio-
» nales parce que les moyens de répression *sont*
» *trop faibles*, et des-lors décourageans ; *et je*
» *crois consciencieusement que les jurandes seules*
» *peuvent suppléer*, *à cet égard*, *la législation*
» *commerciale et industrielle*, et recréer dans
» l'empire et chez l'étranger la considération et la
» confiance que nos fabriques et nos manufac-
» tures s'étaient si justement acquises. »

On ne sait pas de quelle marque M. Soufflot
veut une garantie. Est-ce dans le nom du fabricant ou dans ces marques d'administration ou de
distinction, telles que manufacture royale ou im-
périale, ou par brevet d'invention, etc. ? Il aurait
dû s'expliquer à cet égard ; car de grands mots ne

font pas de grandes choses : cela ne vaut pas même la peine que j'entre en discussion à cet égard.

Cette prétendue *détérioration des qualités* et *altération des matières*, en quoi consiste ce bon marché, qu'un manufacturier habile ne peut livrer au même prix, est encore un composé de mots sans aucune valeur.

Le manufacturier habile d'étoffes en laine et en coton ne redoute pas celui qui détériore les qualités ; il n'y a rien à gagner à ce métier, au contraire, tout l'avantage est du côté de celui qui perfectionne. Il y en a encore bien moins à altérer les matières de ces étoffes. Je ne me serais pas douté, malgré mon expérience, qu'il y eût quelque ressource à altérer les laines et cotons pour la fabrication, et encore moins qu'on pût dire : *Voilà ce qui désapointe une foule de fabriques nationales.*

Cette sorte de dictum vulgaire, il y a de la marchandise à tous prix ; l'on n'a jamais bon marché de mauvaise marchandise ; le bon vaut toujours son prix, etc., définit mieux la valeur du métier que tous les grands mots et les paralogismes de M. Soufflot.

A l'égard de ces moyens de répression qu'il trouve *trop faibles* ; les connaît-il bien ? Je n'en crois rien. Néanmoins il pourrait être très-dangereux pour les manufacturiers et les commerçans qu'il fût le rédacteur des loix réglementaires ; il pourrait bien, par inexpérience , prendre pour modèle ces loix émanées du caractère atrabilaire du chef des douanes , qui l'investissent du droit de glaive avec un empire effrayant.

Mais examinons donc si M. Soufflot entend bien son propre langage , et s'il est d'accord avec lui-même.

Dans ses phrases dernières , que je viens de transcrire , il dit , à l'égard des abus qu'il croit appercevoir dans les manufactures et chez les fabricans : « *C'est ce vice que les corporations seules* » pourront corriger et réprimer : je crois *consciencieusement que les jurandes seules* peuvent suppléer , à cet égard, la législation commerciale et industrielle.

Très-certainement voilà les manufacturiers et fabricans compris dans les corporations , et assujettis *consciencieusement* à la police des jurandes. Eh bien ! en tournant cinq feuillets de son livre , on y lit cette phrase-ci , adressée à la chambre de commerce.

» Mais, Messieurs, le fabricant , le manufac-
» turier, l'artiste ne seront pas sujets à la ju-
» rande ; des réglemens suffisent à leurs besoins ;

» ils payeront annuellement une patente ou li-
» cence ; car je n'ai jamais pensé qu'une com-
» munauté ou corporation de manufacturiers
» puisse raisonnablement avoir lieu. «

Etait-il donc si utile d'engager sa conscience,
pour la démentir aussi promptement et avec autant de légéreté ? N'est-ce donc pas encore
écrire sans penser à ce qu'on écrit ?

Plus loin il leur dit encore : » Vous m'objectez
» que ce rétablissement portera préjudice au com-
» merce, à l'industrie et aux manufactures, en
» retirant de leurs mains nécessiteuses des capi-
» taux déja trop faibles. Cette objection est spé-
» cieuse : et d'abord les armateurs, banquiers,
» commissionnaires, expéditionnaires, fabricans
» et manufacturiers ne seront pas assujettis à la
» jurande. Une patente, ou licence annuelle,
» temporaire ou viagère leur suffit. «

Non-seulement M. Soufflot n'est pas d'accord
avec lui-même sur le sort des fabricans et manufacturiers ; mais encore il est bien embarrassé
de décider enfin s'il leur donnera ou un brevet,
ou une patente, ou une licence, et si ce sera
ou annuel, ou temporaire, ou viager.

Mais, d'après son dernier systême, que deviendront donc ces forts moyens de répression

contre ce vice, que, selon son raisonnement, *les corporations seules* et *les jurandes seules* peuvent corriger et réprimer, et aussi cette réforme qu'il trouve si nécessaire, de ce bon marché, qui *désapointe* une foule de fabriques nationales, (etc. etc.

En vérité, je n'ose m'appesantir sur tant de ridicules, Boileau y a répondu d'avance.

> « A quoi bon mettre au jour ces discours frivoles,
> » Et ces *riens* renfermés en de grandes paroles? »

J'ai remarqué que dans son petit volume de 187 pages, M. Soufflot en a inutilement prodigué 106 au pitoyable projet de statuts des marchands de vins, qu'il a copié en entier; et qu'en calculant le produit de sa plume, il ne lui en appartient qu'environ 60 pages.

En outre, cela lui a coûté d'autant moins de peine, que, n'étant guidé ni par la réflexion, ni par l'expérience, il n'a pas craint de s'égarer dans l'éloge des jurandes et maîtrises au delà des limites que lui prescrivait la nature même des choses. Il croit être sûre d'avoir renversé le rapport, tandis qu'il n'a fait qu'un élagage pour en fleurir son projet.

Il approuve les jurandes, comme l'auteur du rapport les condamne sans restriction; et malgré le ton décisif qu'il prend contre les économistes et leur esprit de système , il a fait des phrases qui pourraient obtenir un prix dans leur école.

Son plus grand art consiste à composer des phrases de rhéteur ; et c'est avec ce style doctoral qu'il ose dire qu'il n'a pas voulu traiter cette matière *ex professo*.

Comme l'auteur du rapport , il se persuade qu'avec les étincelles de l'esprit , on peut éblouir la multitude , et que cela est suffisant pour jouer un grand rôle dans le monde. Il annonce , avec une prétention déguisée , que peut-être un jour plus confiant dans ses forces, il essaiera de développer ses vues sur l'administration publique. Je souhaite qu'il parvienne à faire quelque chose de bon ; mais sans aucune intention de sémer des épines sur la route qu'il paraît être disposé à parcourir , je lui conseille de méditer longuement sur les questions de commerce et de finances qui lui sont si peu familières , et aussi sur les ouvrages d'administration de M. Necker , qu'il a eu la témérité de condamner sans le connaître aucunement.

On peut se permettre de lui conseiller de ne pas trop se confier dans ses forces , et de faire

ensorte sur-tout d'être toujours guidé par la réflexion.

Il ne s'agit pas de s'abuser d'un espoir décevant,
et se nourrir de la dangereuse illusion de faire
parler de soi, il s'agit de faire quelque chose de
bon et d'utile en faveur du commerce, pour lequel
on n'a rien fait jusqu'alors.

Ce C'est pas même le cas de dire comme Fontenelle : *Tout va assez bien pour aller mal.*

C'est à regret que, malgré ma retenue, j'ai pu
déplaire à M. Soufflot dans cet écrit ; mais je n'ai
pas l'art de la modération combinée au préjudice
des vrais principes : de même je n'ai en aucune
manière le funeste talent des discussion subtiles.
J'ai présenté mes observations sans art, avec la
simple naïveté qui m'appartient, et non comme
ces hommes familiarisés à la critique , qui ne
cherchent qu'à égarer par quelques bons mots
sur celui dont ils ne peuvent renverser les principes.

Adonné au purisme, M. Soufflot réforme dans
le rapport, des vices de constructions de phrases,
tandis que l'auteur de ce rapport prétend tenir
le plus haut rang dans la classe des savans; et c'est
dans l'estime que chacun d'eux a de son talent

personnel qu'ils se persuadent l'un et l'autre qu'avec de l'esprit on a le droit de tout dire; mais j'avoue, sans aucune prétention, que j'aime mieux penser et réfléchir sans esprit, que d'avoir de l'esprit sans penser ni réfléchir.

FIN.

De l'Imprimerie de PRAULT, rue Taranne, N°. 16, à l'Immortalité.

ERRATA.

Page 38, tandis que Favier, *lisez* Favin.

Page 50, qu'on n'osait ridiculiser, *lisez* discuter,

Page 51, que les dénonciations, *lisez* que ses dénonciations.

Page 52, pendant leurs maîtrises, *lisez* perdant leurs maîtrises.

Page 64, ni difficulté à retrancher, *lisez* ni difficulté à trancher.

Page 66, qu'ils le livrent, *lisez* qu'ils se livrent.

Page 71, mais équivoque, *lisez* mais équivoquer.

Page 74, n'y aurait-il pas un moyen, *lisez* n'y aurait-il pas moyen ?

Idem, qu'il ne peut arriver, *lisez* qu'il peut arriver.

Page 76, l'avenir, et tout ce qui se pratique, *lisez* et l'avenir de tout ce qui se pratique.

Page 77, la justesse de ses expressions, *lisez* la justesse de ses réflexions.

Page 122, aussi scientifiquement vrais, *lisez* vains.

Page 135, à faire connaître, *lisez* à faire reconnaître.

Page 165, ou qui régénérait, *lisez* ou qui régenterait.

Page 189, je suis forcé d'abréger tout, *lisez* surtout.